Domande & risposte su

Bitcoin

Dal concetto di blockchain alla definizione della suite LNP/BP

David Coen

Autore: David Coen
www.davidcoen.it
info@davidcoen.it
Impronta digitale PGP: 5351632CBBF23EF29F1815ACD270A7681AE508EA

Illustrazioni: Marianna Prina

Revisione a cura di: Giacomo Zucco

Disclaimer

Questo libro rappresenta uno studio sulla tecnologia Bitcoin, non un testo finanziario.
Niente in questo libro deve essere considerato una consulenza finanziaria o una raccomandazione ad investire o acquistare qualsiasi bene.

Prima edizione, 2019
ISBN 9781697122695

Dedica

Alla mia compagna Brunilda, che mi supporta e sopporta quando la annoio con le mie chiacchere su Bitcoin.

E alla mia nipotina Arianna, che spero possa vivere in una società migliore di questa. Ricorda le tre libertà mentre cerchi la tua ricchezza ma, soprattutto, ama.

CONTENUTI

Prefazione

"(...) Ci sono dei problemi con l'uso del denaro digitale, nel breve termine (...)

Una delle mie preoccupazioni è che il passaggio ai pagamenti elettronici ridurrà la privacy personale facilitando il monitoraggio e la registrazione delle transazioni. Potrebbero essere creati dei fascicoli che conservino le abitudini di spesa di ciascuno di noi.

Già, quando ordino qualcosa al telefono o usando elettronicamente la mia carta Visa, viene registrato esattamente quanto ho speso e dove l'ho speso. Col passare del tempo, sarà possibile eseguire più transazioni in questo modo e il risultato effettivo potrebbe essere una grande perdita di privacy."

— Hal Finney, Digital Cash & Privacy, 19 Aug 93

Il denaro permea la nostra società: nel bene o nel male è ciò che rende possibili gli scambi commerciali tra individui.
Non possiamo farne a meno, ma possiamo imparare a valutare, in autonomia, quale denaro è buono e qual è cattivo, quale mezzo di pagamento è funzionale e quale non lo è.

Con l'avvento dei sistemi di pagamento digitali ci siamo concentrati sempre più sulla funzionalità del denaro, sulla rapidità con cui esso si può usare facilitando le transazioni e sull'eliminazione degli ostacoli alla sua diffusione.

Ci siamo però dimenticati di valutare se il denaro che stiamo usando è un buon medium di scambio e abbiamo sottovalutato i pericoli alla privacy che questi nuovi sistemi comportano.

E dire che le avvisaglie c'erano tutte.

La possibilità da parte dei governi di creare valore dal nulla, stampando denaro completamente slegato da qualunque sottostante, sia esso oro o altro materiale pregiato e scarso, è ormai lo standard da qualche decennio a questa parte. Da mezzo di scambio nelle mani dell'individuo, il denaro è diventato nel tempo appannaggio esclusivo degli stati e delle banche centrali.

Le minacce alla privacy si sono invece manifestate appieno nel momento stesso in cui Internet fu creato: i governi potevano finalmente realizzare la cosiddetta sorveglianza di massa.
Per contrastare questi sistemi di sorveglianza, che potenzialmente potevano essere utilizzati per scopi anti-etici e antidemocratici, nacque un movimento composto da individui che condividevano uno scopo: la creazione, attraverso l'uso pratico della crittografia, di sistemi atti a difendere le persone dalle potenziali minacce alla loro libertà.

Quando la condivisione d'informazioni via Internet permise l'avvento dei pagamenti elettronici, ulteriori criticità si sommarono a quelle già esistenti. Innovativi canali erano ora a disposizione del Grande Fratello.

Fortunatamente qualcuno iniziò, con i mezzi propri degli stessi nuovi sistemi informatici di pagamento, a ipotizzare un'altra via, una possibilità di contrasto al sistema; per non farlo uscire dai binari, per far sì che non trasformasse la nostra società in una distopia.
Ci si mise al lavoro per rendere quelle semplici teorie delle alternative reali e valide.

Abbiamo oggi uno strumento che rappresenta la sintesi di questo duro lavoro e spetta a noi comprenderne le potenzialità. Uno strumento in grado non solo di separare il controllo del denaro dallo Stato e di restituirlo all'individuo, ma anche di fungere da strumento di contrasto alla sorveglianza di massa.

È in ballo qualcosa di più del semplice denaro e del controllo su di esso: a rischio è la nostra libertà.

"Ci troviamo di fronte ai problemi di perdita di privacy, informatizzazione strisciante, enormi database, più centralizzazione - e Chaum offre una direzione completamente diversa da intraprendere, che mette il potere nelle mani degli individui piuttosto che dei governi e delle società.*
Il computer può essere utilizzato come strumento per liberare e proteggere le persone, piuttosto che per controllarle.
A differenza del mondo di oggi, in cui le persone sono più o meno in balia delle agenzie di credito, delle grandi società e dei governi, l'approccio di Chaum equilibra il potere tra individui e organizzazioni. Entrambi sono protetti dalle frodi e dai maltrattamenti dell'altro.
Naturalmente, nella società di oggi, con il potere assegnato in modo così sproporzionato, tali idee rappresentano una minaccia per le grandi organizzazioni.
Bilanciare il potere significherebbe una chiara perdita di potere da parte loro. Quindi nessuna istituzione raccoglierà e difenderà le idee di Chaum. Dovrà essere qualcosa che parte dal basso, un'attività in cui gli individui imparano prima quanto potere possono avere per poi richiederlo.
Il lavoro che stiamo facendo qui, in generale, è dedicato a rendere il Grande Fratello obsoleto. È un lavoro importante.
Se le cose andranno bene, potremmo essere in grado di guardare indietro e vedere che è stato il lavoro più importante che abbiamo mai fatto."

— *Hal Finney, Why Remailers I, 15 Nov 92*

"Non credo che avremo mai nuovamente una buona forma di denaro se prima non togliamo la cosa dalle mani del governo; ovviamente non possiamo toglierla in modo violento, tutto ciò che possiamo fare è introdurre, con qualche scaltro modo indiretto, qualcosa che non possano fermare."

— *Friedrich Hayek, 1984*

* David Chaum è un informatico esperto in crittografia, ideatore del concetto di digital cash e creatore di ecash. Vedi capitolo *Chi ha creato Bitcoin?* per ulteriori approfondimenti.

David Coen

Domande e risposte su Bitcoin
Dal concetto di blockchain alla definizione della suite LNP/BP

Come usare questo libro

La formula scelta è quella delle domande/risposte, dunque, sebbene alcuni argomenti vengano affrontati in modo lineare, non è necessario rispettare l'ordine di lettura dei capitoli.

Il mio consiglio è quello di procedere a una prima lettura lineare, ma se vi trovate di fronte a un testo poco comprensibile, vi suggerisco di saltare il capitolo e ritornarci quando vi sentirete pronti.

Le parole in grassetto solitamente indicano un termine importante, sul quale torneremo nel corso della lettura. Perciò, se troverete termini apparentemente complessi, non temete e proseguite: li analizzeremo meglio in seguito.

I riquadri tratteggiati indicano una parte di testo particolarmente difficile che potrebbe richiedere un'ulteriore lettura.

Ho volutamente lasciato le tabelle in inglese affinché il lettore inizi a familiarizzare con dei termini propri del linguaggio tecnico ed economico. Ogni vocabolo viene però analizzato e tradotto in italiano, quindi dovete solo proseguire la lettura.

Vi invito a segnalare eventuali errori e/o mancanze, ma anche dei consigli per migliorare le future edizioni, tramite le pagine Twitter @QAaboutBitcoin e @thedavidcoen.

Ringraziamenti

Questo libro è stato realizzato anche grazie al contributo di tanti professionisti, del settore e non. La collaborazione che ho trovato nel mondo di Bitcoin non l'ho mai vista in nessun altro ambito.

In ordine esclusivamente alfabetico vorrei ringraziare:

- Alena Vranova (@AlenaSatoshi), per avermi fatto conoscere *The Little Bitcoin Book* e avermi dato preziose informazioni per l'analisi della società senza contanti.
- Bitficus (@bitficus) per "The Sat"
- Giacomo Zucco (@giacomozucco), per la revisione, i preziosi consigli, l'aver introdotto il concetto di LNP/BP e per la magnifica recensione del libro.
- Federico Spitaleri (@FedericoSpital3), per avermi concesso di pubblicare il suo articolo *Business modeling nell'ecosistema Bitcoin Lightning Network*, come appendice.
- Marianna Prina, per i fantastici disegni!
- Michael Caras (@thebitcoinrabbi), per la disponibilità e per aver presentato Bitcoin in modo semplice nel suo libro *Bitcoin Money*.
- Nuno Coelho (@nvcoelho), per aver fornito dei feedback e aver recensito in anteprima il testo.
- Raljoseph Ricasata (@rjrs2k), per i preziosi feedback e la straordinaria recensione.
- Silvia Bossio e Stefania Pezzoli per aver letto in anteprima il testo e aver fornito dei feedback dal punto di vista del lettore bitcoiner e nocoiner.
- Umberto Tarantino, per aver fornito ulteriori correzioni al testo.

Un ringraziamento a coloro che lavorano attivamente sul codice di Bitcoin, su Lightning Network e su tutti i livelli della suite LNP/BP e, in generale, alla community che ha scelto la copertina di questo libro, mi ha sostenuto, fornito spunti interessanti e fatto riflettere.

Testi consigliati

Per maggiori approfondimenti su Bitcoin vi consiglio la lettura dei seguenti testi:

The Bitcoin Standard: The Decentralized Alternative to Central Banking, di Saifedean Ammous.
Libro fondamentale per comprendere gli aspetti economici di Bitcoin e il concetto di sound money.

Mastering Bitcoin: Programming the Open Blockchain, di Andreas M. Antonoupoulos.
Guida completa e tecnica su Bitcoin e la sua programmazione.
Disponibile in italiano con il titolo Mastering Bitcoin: Traduzione italiana della guida completa al mondo di bitcoin e della blockchain. Traduzione di Riccardo Masutti

Bitcoin Money: A Tale of Bitville Discovering Good Money, di Michael Caras.
Una storia adatta a tutte le età per comprendere il funzionamento di base di Bitcoin e del denaro in generale.
Disponibile in italiano con il titolo La Moneta Bitcoin: La Storia della Città di Bitville alla Scoperta della Buona Moneta. Traduzione di Mir Liponi e David Coen

The Little Bitcoin Book: Why Bitcoin Matters for Your Freedom, Finances, and Future, di Timi Ajiboye, Luis Buenaventura, Lily Liu, Alexander Lloyd, Alejandro Machado, Jimmy Song, Alena Vranova, Alex Gladstein.
Ideale completamento del testo che vi apprestate a leggere. Analizza i pericoli della società cashless e risponde a ulteriori domande non presenti in questo libro.

PARTE 1

Bitcoin: perché

CHE COS'È BITCOIN?

Nel whitepaper di Bitcoin [1], il documento in cui si spiegano le caratteristiche principali di questo sistema, si legge:

"Bitcoin: un sistema di denaro (cash, contante) elettronico peer to peer."

"Una versione puramente peer-to-peer di contante elettronico permetterebbe di inviare pagamenti online direttamente da persona a persona senza utilizzare una istituzione come intermediario(...)"

In poche righe vengono introdotti molti concetti fondamentali:

- **Denaro elettronico**, che in realtà qui ha il significato di contante elettronico
- **Peer-to-Peer** (P2P)
- **Disintermediazione**

Vedremo a tempo debito cosa significano questi termini.

Chi si approccia a Bitcoin per la prima volta viene tipicamente spaventato da frasi simili, che possono suonare fin troppo tecniche, oppure ritiene Bitcoin uno strumento speculativo, una bolla finanziaria, uno schema piramidale, e così via.

Insomma, la confusione regna sovrana.

Che cos'è dunque Bitcoin?

Bitcoin è in sostanza un sistema monetario basato sulla matematica, le cui regole (protocolli) sono state scritte, in fase di creazione, sulla base di costanti matematiche e non vengono ridefinite in corso d'opera in base a scelte politiche, come invece accade per il denaro a corso legale.

Per fare un semplice parallelismo, le regole basilari di Bitcoin sono come quelle di un gioco di carte; non possiamo modificare le regole durante il gioco!

Bitcoin è decentralizzazione

Questo sistema non ha bisogno di intermediari per la gestione delle sue transazioni.

Prima di Bitcoin tutte le transazioni digitali, dal bonifico al pagamento tramite PayPal, venivano rese possibili grazie all'esistenza di un intermediario: ipotizziamo che Alice sia una cliente di Bob e che voglia inviare a quest'ultimo del denaro via Internet in cambio di un prodotto o servizio. In che modo i due possono realizzare questo scambio di valore?

Se Alice deciderà di pagare Bob tramite bonifico, si recherà nella pagina web della sua banca online (o userà l'apposita app), **chiederà** alla sua banca di effettuare il pagamento verso il destinatario Bob e questa **autorizzerà** il pagamento se saranno rispettate determinate condizioni: su tutte, ovviamente, la disponibilità di denaro sul conto e l'assenza di double spending, ossia il tentativo di effettuare due volte una transazione con la stessa quantità di denaro.

Quindi abbiamo un sistema di tipo centralizzato in cui due attori (Bob e Alice) si rivolgono a una "terza parte affidabile" (la banca) per effettuare una transazione che, al di fuori del mondo digitale, sarebbe invece diretta. Con il contante Alice avrebbe dato il denaro in mano a Bob e questo avrebbe consegnato ad Alice la sua merce.

A livello pratico, quando facciamo una transazione via Internet, chiediamo semplicemente alla banca, a PayPal o a qualsiasi altro payment processor, di aggiornare i suoi registri togliendo parte del nostro saldo e aggiungendolo a quello del ricevente.

Non esiste scambio diretto di denaro tra Alice e Bob.

Con Bitcoin, per la prima volta nella storia di Internet, è stato possibile togliere dall'equazione queste entità terze che gestiscono i conti "autorizzando" le nostre transazioni e si è data di nuovo facoltà ad Alice e Bob di scambiarsi direttamente del denaro.

Vedremo nel corso di questo libro in che modo è possibile fare ciò, quali sono le criticità del sistema precedente che hanno portato alla realizzazione di Bitcoin e come viene creata la moneta che fa parte di questo nuovo sistema.

Vedremo dunque perché si può affermare con convinzione che ***Bitcoin è sovranità monetaria individuale***".

Bitcoin è scarsità digitale

Oltre alla possibilità di eseguire transazioni senza ricorrere a una terza parte che le autorizzi, grazie a Bitcoin viene introdotto per la prima volta il concetto di scarsità in ambito digitale.

Prima della creazione di Bitcoin, le parole "scarsità" e "digitale" mal legavano, anzi, erano sostanzialmente un ossimoro.
I beni digitali che viaggiano nel sistema (i bitcoin) sono limitati come i materiali preziosi (ad es. l'oro) e non possono essere contraffatti. Per di più non possono essere fermati o sequestrati, perché viaggiano all'interno di una rete decentralizzata che non ha capi né singoli punti di vulnerabilità (single point of failure).

Satoshi Nakamoto, l'ideatore del Protocollo Bitcoin, in un momento in cui la moneta del sistema non aveva ancora trovato un suo prezzo, ci diede un'idea del concetto di scarsità digitale, associando appunto i singoli bitcoin ai metalli pregiati:

"Come esperimento mentale, immagina che esista un metallo di base scarso come l'oro ma con le seguenti proprietà:

- *un noioso colore grigio*
- *non un buon conduttore di elettricità*

- *non particolarmente forte, ma neanche duttile o facilmente malleabile*
- *non utile per scopi pratici o ornamentali*

e una singola, speciale proprietà magica:
può essere trasportato su un canale di comunicazione

Se mai dovesse assumere un valore per qualsiasi motivo, allora chiunque, desideroso di trasferire valore a lunga distanza potrebbe acquistarne un po', trasmetterlo e farlo vendere al destinatario.(...)"

Ma cosa intendiamo esattamente con il termine scarsità digitale?
E perché prima di Bitcoin non esisteva?

Internet ci permette di comunicare con altri utenti e/o istituzioni ovunque ci troviamo nel mondo grazie a un libero scambio d'informazioni: quando vogliamo trasmettere ad altri utenti messaggi e contenuti multimediali non facciamo altro che scambiarci pacchetti di informazioni (dati).

Anche quando i governi impongono una censura sulle informazioni, esistono dei sistemi per aggirare la censura e comunicare direttamente con chiunque disponga di una connessione Internet.

Cosa succede quando condividiamo dei dati, ad esempio un contenuto multimediale, su Internet?

Rispondiamo a questa domanda con un esempio.
Ipotizziamo che Alice voglia inviare una foto a Bob per mezzo di un sistema di messaggistica operante su Internet (ad esempio WhatsApp o Telegram).

Il dispositivo di Alice suddivide la foto in tanti piccoli pacchetti di informazioni che vengono inviati tramite un canale di comunicazione via Internet sfruttando un insieme di protocolli e regole di comunicazione chiamato suite TCP/IP.

Una volta giunti sul dispositivo di Bob, vengono da questo ricostruiti per formare la foto di Alice.

Alice, in estrema sintesi, non fa altro che copiare la sua foto e inviare questa copia a Bob, un po' come si faceva con il fax.

Se prima di questa comunicazione la foto di Alice era unica, perché scattata con il suo dispositivo e immagazzinata solo all'interno di quest'ultimo, adesso esistono molteplici copie.

In parole povere, la foto di Alice non è un bene scarso perché replicabile infinitamente: Alice non ha ceduto la proprietà di quel file ma ha solo inviato un suo clone.

Prima di Bitcoin, dunque, il concetto di scarsità in ambito digitale non esisteva.

Anche quando, invece di contenuti multimediali, si voleva scambiare valore, si doveva necessariamente ricorrere a una terza parte affidabile che "tenesse i conti" e che, in modo artificiale, creasse una sorta di scarsità delle risorse (denaro digitale) a disposizione del singolo utente.

Bitcoin, con le sue regole e protocolli, ha introdotto un'altra via composta da:

- **un sistema decentralizzato**
- **un bene digitale scarso**

Due caratteristiche antitetiche a quelle del sistema precedente che è invece:

- **centralizzato** (controllato da terze parti "affidabili")
- **con beni materiali e digitali infiniti** (non esiste un limite al denaro che può essere stampato dalle banche centrali, così come ai file che possono essere creati).

Bitcoin è proprietà di qualcuno (o di qualche azienda)?

Bitcoin è un **progetto open source**; i suoi codici, che contengono le regole e le logiche del network, sono di pubblico dominio.

Possiamo analizzare il codice, partecipare attivamente alla sua modifica e alla correzione di eventuali bug, distribuirlo, copiarlo e modificarlo, realizzando addirittura una nostra versione del sistema, non compatibile con le regole del network Bitcoin.

Per fare un parallelo con un sistema molto noto al grande pubblico, Bitcoin è open source come lo sono il sistema operativo Linux e Android, in contrasto a sistemi chiusi quali ad esempio Microsoft Windows o Apple iOS.

Tecnicamente, dunque, **Bitcoin non è proprietà di nessuno ma è di tutti.**

Quella di essere un progetto open source è una delle caratteristiche fondamentali di Bitcoin: non hai bisogno di fidarti del sistema o di chi l'ha creato. Con un po' di studio o affidandoti a un professionista, puoi analizzare il codice e assicurarti che faccia effettivamente quello per cui è stato costruito.

Il sistema è affidabile proprio perché non richiede fiducia. Si può definire un sistema trustless.

Comprendo che sia difficile immaginare che un sistema che ha guadagnato così tanta importanza e ha fatto sì che la sua unità monetaria assumesse così tanto valore economico, sia gratuito e di pubblico dominio, ma in effetti il concetto di software proprietario, nella storia dell'informatica, è venuto molto dopo quello di software libero.

Fin dall'inizio dello sviluppo dei computer e poi di Internet, la tecnologia è stata di libero accesso. Anzi, proprio questa libertà ha favorito la sua rapida diffusione!

Bitcoin non è da meno.

Tutti gli sviluppatori che lavorano direttamente su di esso lo fanno per spirito di collaborazione, proprio come coloro che, agli albori di Internet, hanno lavorato insieme per creare regole e protocolli condivisi.

Dove è dunque il guadagno?

Il sistema di per sé non permette di guadagnare, ma ciò non significa che su di esso non possano essere costruite delle applicazioni e che dunque i programmatori non ricevano il loro legittimo compenso. Chiunque, singolo individuo, azienda o persino Stato, può costruire su Bitcoin, e può farlo in modo volontario o a pagamento, così come chi costruisce sul Web può avere un suo tornaconto economico.

Pensate anche solo ai servizi a pagamento come Netflix, creati grazie a Internet, sistema open source e gratuito, oppure a servizi "gratuiti" - in realtà ne pagate l'utilizzo con i vostri dati - come Facebook, i cui sviluppatori vengono regolarmente pagati e in alcuni casi anche profumatamente.

CHI HA CREATO BITCOIN?

Bitcoin è stato reso pubblico il 31 ottobre 2008 attraverso un Whitepaper, un documento contenente le caratteristiche di base del sistema, inviato ai partecipanti di una mailing list dedicata alla crittografia collegata al sito metzdowd.com. L'ideatore del sistema è un individuo o gruppo di persone conosciuto con lo pseudonimo di **Satoshi Nakamoto**, di cui non si ha più notizia dal 2010.

Per anni si è dibattuto sulla reale identità di Satoshi e ancora oggi si susseguono presunti smascheramenti e roboanti dichiarazioni da parte di personaggi che pretendono di essere lui, senza tuttavia poterlo dimostrare.

La verità è che attualmente non è dato sapere chi sia e non è neanche importante: come abbiamo detto, Bitcoin è un sistema open source e funziona bene anche senza il suo creatore originale, così come qualsiasi distribuzione di Linux funziona senza che su di essa ci lavori Linus Torvalds, il creatore di questo sistema operativo.

Le modifiche al network possono diventare "ufficiali" se la maggioranza dei nodi che fanno parte del sistema le ritiene tali (vedi capitolo *"Che cos'è un nodo Bitcoin?"*), tramite un meccanismo chiamato **"Consenso"**.

Spesso si è portati a credere che Bitcoin venne realizzato dall'oggi al domani, senza considerare che in realtà la sua storia è molto più lunga.

Se infatti consideriamo Bitcoin come uno strumento nato nel 2008 e avviato all'inizio del 2009, prestiamo il fianco a coloro che continuano a propagandare la cattiva trasparenza del sistema, nato *"out of the thing air"*.

Mi credereste se dicessi che la storia di Bitcoin inizia negli anni 70?
No?
Ebbene dovete ricredervi!

Bitcoin infatti è il punto d'incontro di tecnologie pre-esistenti:
dalla firma digitale con codifica a chiave pubblica alla struttura ad albero di
hash crittografici, dal concetto di condivisione decentralizzata tra peer alla
Prova di Lavoro (PoW).

Nel 1977 venne ideato quello che fu da allora conosciuto come **sistema
crittografico a chiave pubblica (RSA)**. Questo sistema si basa sull'esistenza
di due chiavi crittografiche, tecnicamente chiamate "chiave diretta" e "chiave
inversa", che nel tempo hanno assunto il nome di "chiave pubblica" e "chiave
privata".

Dal nome si deduce facilmente che una di queste chiavi può essere resa
pubblica mentre l'altra verrà conservata in modo privato: immaginiamo che
due amici, Alice e Bob, vogliano inviarsi un messaggio riservato su un canale
non sicuro; magari uno di essi si trova all'interno di uno stato totalitario,
oppure, più semplicemente, hanno bisogno di mantenere le loro
conversazioni private. Con il sistema RSA, Alice potrà cifrare il messaggio
con la chiave pubblica di Bob e inviarlo pubblicamente. Bob sarà l'unico a
poter leggere il contenuto del messaggio perché questo sarà decodificabile
solo grazie alla sua chiave privata, da esso custodita gelosamente.

Il concetto di chiave pubblica e privata venne da allora utilizzato ampiamente
in moltissimi ambiti in cui era necessario ricorrere alla crittografia e Bitcoin
non è da meno: anche se il protocollo Bitcoin usa **l'Elliptic Curve Digital
Signature Algorithm (ECDSA)**, deve il suo funzionamento di base
all'invenzione dell'RSA. Pensate, addirittura WhatsApp utilizza un sistema
crittografico end-to-end per garantire la privacy dei vostri messaggi.

Il sistema RSA introduce dunque il sistema di firme digitali primitive che
garantisce, nell'esempio sopra, che Bob sia effettivamente il destinatario del
messaggio, poiché l'unico a possedere la sua chiave privata.

Il concetto di blockchain? È mutuato da quello di **Merkle Tree**, struttura ad albero che fa utilizzo di hash crittografici brevettata nel '79 da Ralph Merkle.

Nel 1983 David Chaum sfruttò gli schemi di firma a chiave pubblica RSA e DSA per implementare le blind signatures, tecnologia crittografica che permette di firmare digitalmente un messaggio il cui il contenuto viene nascosto prima di essere firmato e inviato; sistema che poi applicò alla sua moneta elettronica ecash, nel 1990.

La prova di lavoro (Proof of Work) è un meccanismo di consenso che venne elaborato nel 1993 dai professori Cynthia Dwork e Moni Naor; pensato come sistema antispam, venne poi utilizzato, assieme all'algoritmo hashcash di Adam Back, da Hal Finney nel 2004 per creare l'RPoW (Reusable Proofs of Work) e applicato nel suo sistema di pagamento.

A questo elenco va aggiunto anche BitTorrent (BT), **protocollo Peer-to-Peer (P2P)** per la diffusione decentralizzata di file sulla rete, a cui Bitcoin si ispira se si guarda al meccanismo di coordinamento del lavoro di condivisione dei nodi e alla capacità di resistere alla censura e alla chiusura del network; se alcuni nodi vengono forzatamente chiusi, la rete viene tenuta in piedi dagli altri sparsi sul pianeta (o sopra di esso, vedi Blockstream Satellite network nel glossario).

Non furono però solo queste ed altre invenzioni tecnologiche non citate ad aprire la strada a Bitcoin, ma anche dei postulati teorici di natura economica, politica e sociologica.

Senza The Crypto Anarchist Manifesto di Timothy C. May del 1988, il Cypherpunk Manifesto di Eric Hughes del 1993 e la scuola economica Austriaca, molto probabilmente oggi non avremmo Bitcoin e un sistema di digital cash alternativo alla società senza contante (cashless society).

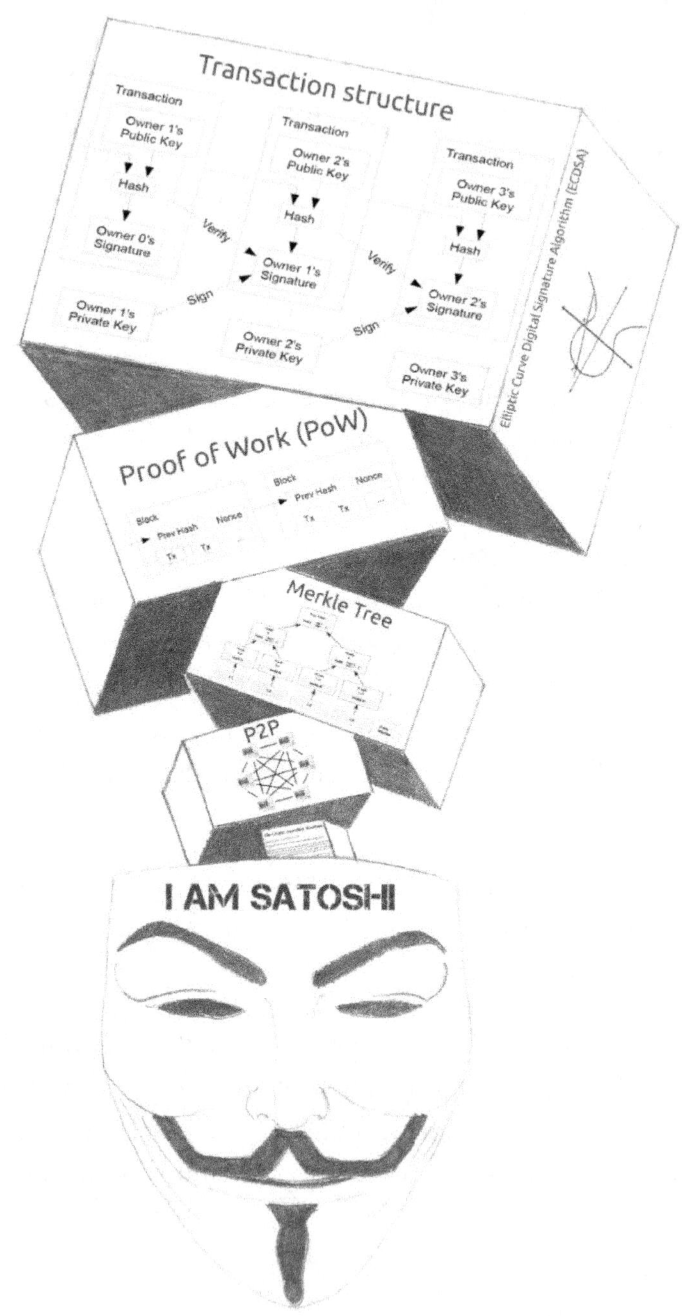

Transaction structure
Transaction
Owner 1's Public Key
Hash
Owner 0's Signature
Owner 1's Private Key
Verify
Sign
Transaction
Owner 2's Public Key
Hash
Owner 1's Signature
Owner 2's Private Key
Verify
Sign
Transaction
Owner 3's Public Key
Hash
Owner 2's Signature
Owner 3's Private Key
Elliptic Curve Digital Signature Algorithm (ECDSA)
Proof of Work (PoW)
Block
Prev Hash
Nonce
Tx
Tx
Block
Prev Hash
Nonce
Tx
Tx
Merkle Tree
P2P
I AM SATOSHI

PERCHÉ BITCOIN È STATO CREATO?

Bitcoin è stato creato prima di tutto per portare nel mondo digitale quello che avviene nel mondo materiale: la possibilità di **scambiarsi direttamente del valore senza ricorrere a un intermediario di fiducia**.

Il secondo motivo, espresso nel whitepaper, è quello di generare **transazioni totalmente irreversibili** permettendo di evitare frodi nei confronti di chi accetta il pagamento in denaro in cambio di beni/servizi, senza ricorrere a un intermediario affidabile, cosa non possibile con le tecnologie precedenti.
In realtà Bitcoin è stato creato anche per altri motivi, che qui cercheremo di analizzare.

Il sistema monetario attuale ha delle serie criticità, alcune per il momento potenziali, altre tremendamente attuali, soprattutto se si considerano gli scambi di valore digitali della cosiddetta società senza contante (cashless society).

Sono solito dividere queste criticità in tre macro-categorie o tipologie:

- **criticità tecniche**
- **criticità politiche**
- **criticità economiche**

In questa tabella ho raccolto le principali caratteristiche del sistema fiat cash, ossia delle valute a corso legale sottoforma di contanti, di quello cashless, le valute a corso legale digitali, e di Bitcoin.

Analizziamo dunque queste caratteristiche e le criticità ad esse legate.

Main Features	CASH Paper/metal	CASHLESS Digital fiat (euro, dollar, etc.)	BITCOIN Electronic Cash
DECENTRALIZED PAYMENTS	P2P payments	Completely centralized payments	Decentralized payments broadcasted via blockchain P2P via Lightning Network
FAST PAYMENTS	Fast near payments slow distant payments	It can have instant payments International payments can be slow	Onchain payments can be slow, LN payments are almost instant
IRREVERSIBLE TRANSACTIONS	Transactions are irreversible	Transactions are reversible	Transactions can be considered irreversible after few confirmations
CENSORABLE TRANSACTIONS	Transactions are not censorable	Transactions can be censored in advance	Transactions are not censorable
SEIZABLE MONEY	Cash can be physically seizable	Digital money can be seizable	Exposed private keys can be physically seizable bitcoins can't
SURVEILLANCE vs PRIVACY	Doesn't help surveillance by corporations and States	Corporations and States can use money channels as a surveillance systems	Doesn't help surveillance by corporations and States
ACCESS TO MONEY	In a cash-only society no one can prevent access to money	In a cashless society access to money can be prevented and prohibited	In Bitcoin no one can prevent access to money
FUNGIBILITY	High fungibility unless marked bills	Low fungibility	High fungibility on second layers
MONEY MINTING	Unlimited by printing	Unlimited out of the thin air	Capped supply made through PoW
MONEY LAUNDRY/ TAX EVASION	Can be fought through the judicial system not easy through monetary system	Can be fought through the monetary system too	Can be fought through the judicial system. Blockchain transactions can be tracked
SOCIETY MODEL	Consumption based society	Consumption based society	Savings based society

Iniziamo dall'aspetto tecnico che, pur essendo d'importanza cruciale, viene considerato relativamente poco, soprattutto dalla stampa o da coloro che "non sono nel settore", ovvero non sono per il momento interessati a Bitcoin e/o non hanno avuto modo di studiare i protocolli di rete o di applicarsi all'argomento da autodidatti.

Abbiamo già descritto il sistema di pagamento digitale attuale: abbiamo un sistema di tipo centralizzato in cui due attori (nel nostro esempi Bob e Alice) si rivolgono a una "terza parte affidabile" (la banca) per effettuare una transazione che, con il contante, sarebbe invece diretta (Alice paga Bob. Fine).

Dove sono le criticità di tipo tecnico?

La terza parte affidabile è un potenziale bersaglio.

Il sistema sopra descritto è centralizzato: un attaccante, come ad esempio un hacker, potrebbe bucare il server della banca e appropriarsi del denaro di Bob inviato da Alice dirottando la transazione verso un altro destinatario. Potrebbe altresì appropriarsi del denaro di entrambi, andando a modificare il registro della banca.

Fantascienza? Non proprio, al limite un po' di paranoia. Ma analizzare le potenziali minacce al sistema è una necessità propria di chi quei sistemi li crea (gli sviluppatori e i sistemisti) e di chi li studia e divulga.

Non dobbiamo pensare al sistema centralizzato come esposto solamente ad attacchi esterni: vanno considerate anche le minacce interne. Queste non sono necessariamente attacchi volontari alla rete, ma possono essere problemi tecnici di natura più o meno grave.

Il primo giugno 2018, Visa subì una pesante interruzione del servizio [2] che causò l'impossibilità di eseguire transazioni sul circuito in UK e nel resto d'Europa.

A milioni di utenti fu impedito di effettuare pagamenti per diverse ore: un danno importante, soprattutto se consideriamo che gli individui usano i sistemi di pagamento elettronici anche per acquistare beni di prima necessità.

Si generò del vero panico, che costrinse persino alcuni governi a diramare degli avvisi di rassicurazione ai cittadini.

"Tranquillo! Se non riesci a pagare non hai subito alcun furto o hacking"
Avvisava su Twitter la Guardia Civil spagnola.

Tranquil@, si no puedes pagar no has sufrido ningún robo ni hackeo

#Visa sufre una caída en Europa que impide procesar pagos con sus tarjetas adslzone.net/2018/06/01/vis…

Traduci il Tweet

6:09 PM · 1 giu 2018 · Twitter for Android

Ironia della sorte, si scoprì che gli utenti non potevano effettuare transazioni tramite circuito Visa ma erano ancora in grado di prelevare denaro contante dagli sportelli. [3]

Una settimana dopo, il sistema "rivale" Mastercard, subì un crash analogo. [4]
Due mesi prima sempre Mastercard registrò dei downtime negli Stati Uniti. [5]

Come fa giustamente notare il giornalista economico Brett Scott nell'articolo pubblicato da The Guardian dal titolo *"The cashless society is a con – and big finance is behind it"* [6]

"Digital systems may be "convenient", but they often come with central points of failure. Cash, on the other hand, does not crash."

"I sistemi digitali possono essere "convenienti" ma comportano spesso punti di vulnerabilità centrali. Il contante, d'altra parte, non crasha."

In effetti il concetto si applica tanto alle banconote quanto a Bitcoin, sistema di contante digitale.

Pensate, nella sua storia decennale Bitcoin registra un uptime, tempo di funzionamento, del 99,985%: gli unici due eventi che causarono un'interruzione temporanea del servizio (nel 2010 e nel 2013), avvennero in momenti in cui il network era agli albori e il numero di nodi che lo supportavano molto limitato, a dimostrazione che network tendenti alla centralizzazione (o centralizzati, come i sistemi "classici") sono più soggetti a crash sistemici.

Ad oggi più di 9,000 nodi supportano attivamente la rete ed esistono più di 10 differenti implementazioni del software di gestione del network; ciò riduce drasticamente il rischio di un collasso del sistema.
La probabilità che invece questo avvenga per un sistema centralizzato come Visa, resta invece ancora non trascurabile.

Quindi abbiamo un sistema di pagamento digitale classico che è altamente affidabile in termini di praticità e, in alcuni casi, di velocità, ma è potenzialmente attaccabile e soggetto a downtime tecnici dovuti alla intrinseca centralizzazione del sistema stesso.

Questi attacchi o crash sistemici potrebbero portare a danni devastanti.

Le criticità di tipo politico

Queste criticità sono quelle solitamente più affrontate, perché la politica è passione ma anche, troppo spesso, imposizione della propria volontà sugli altri.

L'esempio descritto in precedenza torna utile ma questa volta lo modifichiamo un pochino.

Alice vuole inviare del denaro a Bob, suo amico, e ricorre alla terza parte affidabile; la transazione non viene autorizzata. La banca ritiene sospetta questa movimentazione di denaro perciò interviene preventivamente, onde evitare che si realizzi riciclaggio di denaro o evasione fiscale.

"Bene" diranno alcuni. Si scopre però che Alice e Bob non hanno fatto nulla di male, e che le transazioni inviate da Alice verso Bob avvengono senza che quest'ultimo fornisca beni o servizi in nero alla sua amica.

Vediamo un secondo esempio.

Alice vuole inviare del denaro a Bob, in cambio di un determinato prodotto, e ricorre alla terza parte affidabile. Anche questa volta la transazione non viene autorizzata.

Il motivo?

La banca ritiene il bene offerto da Bob "non positivo" per Alice e agisce per impedire l'acquisto, affermando di voler "proteggere" i propri clienti. La terza parte affidabile ha agito preventivamente su delle transazioni di privati cittadini che non realizzano nessuna fattispecie di reato fiscale.

Questi non sono esempi campati in aria e di certo non rappresentano un grave caso di paranoia.

Qui un esempio recente:

Questa persona voleva acquistare delle criptovalute su CashApp e Coinbase usando la sua carta di debito fornita da Well Fargo, una delle quattro grandi banche US. La transazione è stata rifiutata perché:

"Well Fargo non autorizza transazioni finalizzate all'acquisto di criptovalute."

Capite bene che si tratta di una scelta politica che limita le libertà individuali.*

A questo punto c'è chi afferma: "*Si vuole proteggere il cliente da potenziali truffe e investimenti altamente speculativi.*" Al che rispondo: "*Siamo utenti capaci di intendere e di volere? Perché necessitiamo di protezione?*".

Alcune realtà vedono questa centralizzazione del sistema come un modo per rafforzare la concorrenza nei servizi finanziari ma anche affrontare il riciclaggio di denaro e l'evasione fiscale. In questo senso le banche, rifiutando di autorizzare le transazioni legate al "mondo crypto", eviterebbero di risultare dei facilitatori in caso di crimini che coinvolgono transazioni tramite Bitcoin o altre criptovalute. [7]

Altri sostengono che i pagamenti digitali proteggano i consumatori dall'essere derubati o perdere denaro. [8]

Nell'esempio di Well Fargo, il problema potrebbe essere risolto tramite modifiche alla politica interna o, più radicalmente, cambiando banca.

Ma se "l'attaccante", "l'ostile" è lo Stato?

Wikileaks è un organizzazione internazionale senza scopo di lucro, nota per il suo attivismo nel campo della condivisione in chiaro, attraverso il suo sito web, di documenti coperti da segreto. Negli anni questa organizzazione diffuse molti documenti riservati, tra cui alcuni contenenti informazioni sulla gestione del campo di prigionia di Guantànamo, che fecero scandalo considerata le ripetute violazioni delle Convenzioni di Ginevra perpetrate all'interno della struttura detentiva.

Nel 2011, a seguito della pubblicazione da parte di Wikileaks di documenti riservati riguardanti la guerra in Afghanistan, i principali payment processor, attraverso i quali l'organizzazione raccoglieva donazioni, decisero di congelare l'accesso ai fondi e impedire future donazioni tramite essi.
Tra i tanti provider, Paypal, sotto una crescente pressione in primis degli Stati Uniti, avrebbe sostenuto che "[Paypal] non può essere utilizzato per attività che incoraggiano, promuovono, facilitano o istruiscono gli altri a impegnarsi in attività illegali". [9]

A seguito di queste iniziative unilaterali, Wikileaks decise di accettare donazioni tramite Bitcoin e lo comunicò attraverso un tweet.

Su questo indirizzo ricevette più di 4,000 bitcoin.

WikiLeaks ✔
@wikileaks

WikiLeaks now accepts anonymous Bitcoin donations on 1HB5XMLmzFVj8ALj6mfBsbifRoD4miY36v

1:12 AM · Jun 15, 2011 · Twitter Web Client

Controllo sul denaro e Stato di Sorveglianza

Un sistema monetario centralizzato implica la potenziale realizzazione dello Stato di Sorveglianza, caratteristica principale dei regimi totalitari.

Una forma di denaro contante, meglio se denaro "**sonante**", come ad esempio l'oro o il bitcoin, è uno strumento che garantisce la privacy dell'individuo che lo utilizza; la privacy è fondamentale, soprattutto se si vive in regimi autoritari o che, per far fronte a una crisi finanziaria, intervengono attivamente sulle finanze dei cittadini attraverso delle misure definite "**Capital control**" (Controllo sul capitale), limitando la loro libera iniziativa.

Nel 2009, la crisi mondiale iniziata l'anno precedente negli Stati Uniti, si abbatté prepotentemente sulla Comunità Europea e a farne le spese fu, più di tanti altri paesi, la Grecia.

Secondo l'allora presidente del consiglio George Papandreou, i governi precedenti falsificarono i bilanci per permettere alla Grecia di entrare nell'Euro. Nel 2015, l'anno forse più grave per l'economia greca, gli istituti di credito vennero chiusi per ordine del governo del paese e, alla loro riapertura, i prelievi di contante vennero limitati a 60 euro al giorno al fine di evitare il totale collasso del sistema bancario. [10]

A inizio settembre 2019 la Banca Centrale Argentina ha annunciato ulteriori controlli sul denaro nel tentativo di domare la speculazione e arginare una spirale di debito in costante crescita. Ai cittadini che acquistano valute estere viene richiesto di prestare giuramento: dichiarano di attendere almeno cinque giorni prima di acquistare dei bond utilizzando le valute estere appena comprate.

Il motivo è presto detto: si era soliti acquistare bond in dollari per poi rivenderli in pesos e ottenere un profitto di circa il 5%.

Questa misura segue il limite di denaro in valuta straniera che ogni individuo può acqustare, pari a 10,000 USD al mese. [11]

Oltre al capital control e dunque a misure di controllo diretto del denaro, lo Stato può attivare anche sistemi di sorveglianza sulla popolazione sfruttando le caratteristiche intrinseche degli strumenti di pagamento digitale centralizzati.

In Hong Kong, nell'estate 2019, si è svolta a più riprese una protesta politica in contrasto con l'influenza cinese sulla governance della regione amministrativa speciale.
Il casus belli riguardava questa volta un emendamento alla legge sull'estradizione che, se approvato dal Parlamento, avrebbe di fatto permesso di svolgere in Cina i processi di crimini svolti sul territorio di Hong Kong. [12]
Ad Hong Kong è in vigore il Common Law anglosassone, un sistema giuridico differente rispetto a quello presente in Cina.
La protesta dunque voleva evitare che si cedesse a un altro stato, con un altro sistema giuridico, parte del potere giudiziario.

Hong Kong è stato uno dei primi paesi al mondo a introdurre un sistema di pagamento senza contanti: nel 1997 venne lanciata la carta Octopus della Octopus Holding, soluzione che permetteva di evitare l'utilizzo di contanti per l'acquisto di ticket per il trasporto pubblico, inclusa la MTR (Mass Transit Railway Corporation).

Le carte Octopus ora vengono attivamente utilizzate anche per acquisti diversi, in negozi di alimentari, parcheggi e altri luoghi ma anche per l'accesso in sicurezza a case, scuole e uffici.
L'MTR è l'azionista di maggioranza della Octopus Holding.
Indovinate chi possiede oltre il 75% della Mass Transit Railway Corporation? Esatto, il governo di Hong Kong.
Il governo è l'azionista di maggioranza della Octopus Holding, che gestisce le Octopus card e che raccoglie dunque i dati sul trasporto, i consumi e la sicurezza di abitazioni private dei cittadini. [13]

Perché questo preambolo?

I cittadini, temendo che i dati delle loro carte fossero rintracciati e utilizzati come prova della loro partecipazione alle proteste, hanno iniziato ad acquistare biglietti usa e getta per il trasporto pubblico anziché usare la loro Octopus card. Questa paura è più che giustificata da un precedente: la polizia aveva utilizzato tecniche di tracciamento analoghe durante le proteste del 2014 organizzate dal movimento pro-democrazia chiamato Umbrella e le aveva sfruttate in sede giudiziaria contro i principali leader della protesta. [14] [15]

Capirete bene come uno strumento finanziario centralizzato presti bene il fianco al controllo dello Stato sulle attività politiche dei cittadini, specie se questo si rivela essere un regime non democratico.

Secondo una recente ricerca di Human Rights Foundation (HRF), il mondo ha attualmente poco più di 100 democrazie che governano oltre il 47% della popolazione mondiale; 40 regimi autoritari che governano 1,2 miliardi di persone e 53 dittature a pieno titolo che opprimono 2,8 miliardi di persone o il 30% dei paesi del mondo. [16]

Ritorniamo a considerare l'attività dell'ente terzo, in questo caso lo Stato, sulla politica monetaria e arriviamo alle criticità economiche.

Criticità economiche

La prima cosa che dobbiamo analizzare è la potenziale, anzi, pressoché
sicura, mancanza di fungibilità in un sistema monetario esclusivamente
digitale.

Abbiamo detto che l'ente terzo può intervenire anche preventivamente e
bloccare le transazioni tra due individui (peer-to-peer) o tra un individuo e
un'azienda privata (peer-to-business). Non solo, può anche invertire una
transazione ed eventualmente sequestrare il denaro. Cosa apparentemente
buona e giusta se questo denaro proviene da un'attività quale, ad esempio, il
traffico di droga o di esseri umani. E se però questo denaro arrivasse nelle
mani di persone che con questi crimini non c'entrano nulla?
Potrebbero vedersi privare del denaro considerato "sporco".

La reversibilità delle transazioni è una novità introdotta dai sistemi cashless,
non presente negli scambi di valore diretto tra individui.

Con la reversibilità viene meno una delle proprietà fondamentali del denaro:
la fungibilità.
Con questo termine si indica un bene che può essere scambiato con un altro
di pari valore attribuito. Ad esempio possiamo scambiare una moneta da 1
euro con un'altra, oppure possiamo scambiarla con 100 centesimi di euro;
possiamo altresì scambiare una pepita d'oro con un'altra che presenta le
stesse caratteristiche chimico/fisiche.

In ambito digitale è difficile garantire fungibilità in un contesto in cui
un'entità terza può intervenire e annullare le transazioni o sequestrare il
denaro.

Il mio denaro potrebbe risultare sporco e di conseguenza non valere quanto il
tuo.

Bitcoin cerca di risolvere questo problema introducendo il concetto
d'irreversibilità delle transazioni ed escludendo la terza parte. Vedremo più

avanti che ciò non è del tutto sufficiente a garantire la fungibilità del sistema a causa della tracciabilità garantita dalla blockchain.

Un altro problema economico è in realtà anche politico: si tratta infatti della politica economica del sistema attuale.

Fino al 1971, la politica economica globale, già legata al Dollaro, era ancora basata sul **Gold Standard**.
Le banconote rappresentavano una certa quantità d'oro conservata nei caveau della Federal Reserve ed erano convertibili: ci si poteva recare in banca con le proprie banconote e ottenere una certa quantità d'oro da esse rappresentata.
Nella storia del Dollaro, ma anche del Marco Tedesco e di altre valute di stato, si è più volte intervenuti su questa convertibilità, soprattutto in tempi di guerra, in cui servivano più contanti per finanziare le attività belliche, ma è solo dopo il 1971, a seguito di una serie di misure economiche denominate Nixon Shock, dal nome del presidente degli Stati Uniti allora in carica, che si abbandonò definitivamente il Gold Standard e dunque la convertibilità.

Da allora, le singole banconote non rappresentano più una riserva di valore ma vengono imposte legalmente e sono prodotte *"out of the thin air"*, ossia dal nulla, senza un sottostante in asset scarsi.

Con Bitcoin si è deciso di adottare una politica economica completamente differente rispetto a quella del sistema attuale, simile invece a quella del Gold Standard perché basata anch'essa sulla scarsità, anche se digitale.

Nel capitolo dedicato alla politica economica di Bitcoin (*possiamo cambiare la politica economica di Bitcoin?)* vedremo più nel dettaglio che cosa essa comporta.

Per ora ci basti comprendere questo: il sistema attuale non prevede un limite alla produzione di denaro ed è quindi basato su un modello inflazionistico (più denaro viene prodotto, meno valore ha la singola unità, più aumentano i prezzi), mentre Bitcoin adotta un sistema a supply limitata e a inflazione controllata.

Inoltre va detto che la politica monetaria dello Stato o di altri enti centralizzati, quali ad esempio le corporation, trova ampi margini di manovra all'interno di una società senza contante (cashless society). La presenza di denaro fisico comporta infatti una tendenza al risparmio e al consumo di beni "convenienti", mentre il denaro digitale incoraggia la spesa.

Ritornando al discorso sulla politica monetaria dello Stato; in una società senza contante gli individui non potrebbero più prelevare, ovviamente, e delegherebbero ai governi e alle banche centrali l'intera politica monetaria del sistema. L'esempio di ciò che è avvenuto in Grecia nel 2015 è in questo caso una chiara anteprima.

Durante le recessioni economiche, i governi cercano di stimolare l'economia abbassando i tassi di interesse, poiché è probabile che le persone accumulino denaro per venire incontro a bisogni primari quando si manifesta la piena emergenza. Viene prodotto più denaro e quello già in circolazione perde dunque valore.

Ciò avviene non solo durante le recessioni, ma anche in un contesto geopolitico in cui i paesi combattono guerre commerciali tra di loro.

Quando, ad esempio, la Federal Reserve americana taglia i tassi per incentivare l'esportazioni, dopo che lo stesso è stato fatto dalla Cina, la Banca Centrale Europea segue a ruota. Una spirale inflazionistica perenne, in cui lo scopo dei singoli è avere il denaro che vale di meno, affinché gli altri stati acquistino da loro il maggior numero di beni possibili.

A cause della società cashless il risparmio degli individui potrebbe venire di fatto disincentivato grazie all'introduzione dei cosiddetti tassi d'interesse negativi.

Le persone pagherebbero le banche per conservare i propri depositi, invece di guadagnare interessi dalle stesse. Verrebbero così stimolati i prestiti da parte delle banche e maggiori investimenti da parte delle imprese; si spingerebbero gli individui a spendere anziché risparmiare.

Potrebbero sembrare delle iniziative lodevoli nel breve periodo, ma alla fine si completerebbe la trasformazione dell'individuo da protagonista del sistema monetario a puro consumatore passivo. [17]

Ricapitolando, da un lato abbiamo un sistema monetario che tende alla realizzazione della cosiddetta cashless society, ossia una società priva di denaro contante in cui il valore tra individui viene scambiato esclusivamente tramite intermediari finanziari con tutte le criticità che ne conseguono, dall'altra abbiamo un sistema, chiamato Bitcoin, in cui gli individui si scambiano valore direttamente tra loro, creato per ridurre drasticamente le criticità di natura tecnico-politico-economica del sistema precedente e realizzare la separazione del denaro dallo Stato, così come in passato è stata realizzata, nei regimi democratici basati sullo Stato di Diritto, la separazione dalla Chiesa.

> *Art. 7 della Costituzione Italiana.*
>
> *"Lo Stato e la Chiesa cattolica sono, ciascuno*
>
> *nel proprio ordine, indipendenti e sovrani.*
>
> *I loro rapporti sono regolati dai Patti Lateranensi. Le modificazioni dei Patti, accettate dalle due parti, non richiedono procedimento di revisione costituzionale."*

Distinguere ciò che è "contante" da ciò che non lo è spesso è complesso.

Si è portati a credere che contante significhi "fisico", "cartaceo" e che società senza contante significhi "digitale", ma così non è.

Dobbiamo porci una domanda fondamentale:

Posso disporre liberamente del mio denaro?

Se la risposta è affermativa, allora abbiamo a che fare con un denaro contante: le banconote, l'oro e i bitcoin in nostro **possesso diretto** costituiscono degli esempi. Possono essere mezzi materiali o digitali, poco importa. Se posso disporre direttamente del denaro, senza ricorrere a una terza parte, allora dispongo di denaro contante, **liquido**.

Se invece la risposta è negativa allora è molto probabile che ci troviamo all'interno di una società senza contante, o stiamo per entrarci.

Il denaro non è più cash, contante, ma una sorta di titolo disposto dalla terza parte (banca, payment processor, ecc.).

Conviene a questo punto riprendere la tabella di confronto tra cash, cashless society e Bitcoin per renderci nuovamente conto di cosa questo significhi.

"Bitcoin è un argine contro l'irresponsabilità monetaria e fiscale delle banche centrali e dei governi di tutto il mondo."

— *Travis Kling alla CNN, 13 settembre 2019*

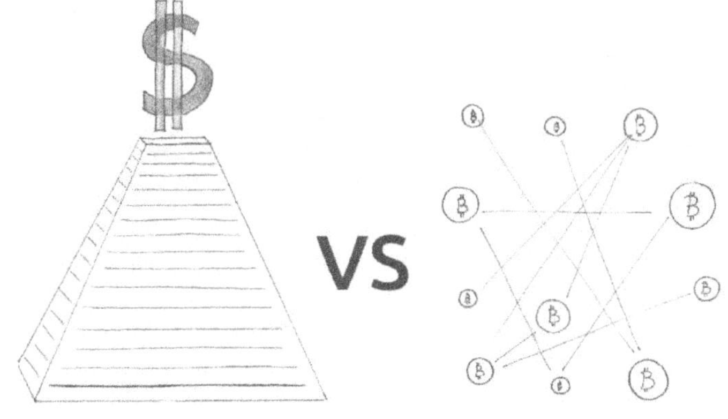

* Da segnalare, per dovere di cronaca, che, dopo la protesta da parte degli utenti, Well Fargo sembra aver deciso di permettere l'acquisto di bitcoin e altre criptovalute tramite carte di debito, pur mantenendo il divieto di utilizzo di quelle di credito.

Ask Wells Fargo @Ask_WellsFargo · 16 lug

In risposta a @l3l2ucelee

We're sorry for the incorrect information in our previous reply. Wells Fargo will not approve cryptocurrency transactions, such as Bitcoin, using consumer or small business credit card and/or lines of credit. You may use your debit card for these transactions. -Josh

1   2

Litecoin Moses {No XRP} Ƀ ♦ Ł @l3l2ucelee · 16 lug

I never used a credit card.. I used a debit card but it works now. Thanks

1

PARTE 2

Bitcoin: come

CHE DIFFERENZA C'È TRA BITCOIN (LETTERA MAIUSCOLA) E BITCOIN (LETTERA MINUSCOLA)?

Abbiamo detto che Bitcoin è un intero nuovo sistema monetario ma è anche possibile indicare con questo nome la "moneta" digitale che gira all'interno di questo sistema.

Con il termine **Bitcoin** solitamente si designa l'intero sistema, comprendente il codice e i protocolli, mentre con il termine **bitcoin**, con la b minuscola, si intende la moneta vera e propria che gira al suo interno.

Vedremo più avanti come in realtà chi partecipa a questo sistema monetario non si scambi dei file (o token) chiamati bitcoin, e che dunque non esista una moneta nel senso classico del termine, ma per il momento prendiamo per buona questa semplificazione.

Dobbiamo imparare fin da subito a distinguere questi due termini.

Potremmo infatti volerci rivolgere alla tecnologia senza parlare del bene monetario (asset) o viceversa, a seconda del contesto.

Al fine di distinguere questi due termini, ultimamente si sta cercando di nominare il sistema "**Protocollo Bitcoin**" o **BP** (dall'inglese Bitcoin Protocol), mentre per quanto riguarda la moneta, si sta cercando di spingere per l'adozione del termine "**satoshi**", l'unità monetaria di base che ha guadagnato il suo nome solo in seguito alla scomparsa dell'ideatore del progetto Bitcoin, o in alternativa si usa il termine **BTC**, che rappresenta un bitcoin intero.

PERCHÉ IL LIMITE DI 21 MILIONI DI BITCOIN?

Come detto poc'anzi, quando Satoshi creò Bitcoin, oltre alla decentralizzazione del sistema stesso, definì anche la sua politica economica.

Forse Satoshi era un giocatore di black jack e riteneva il sistema vincente sul banco qualora non superasse appunto il 21 e quindi scelse questo numero simbolico; probabilmente non lo sapremo mai.

Fatto sta che decise di imporre un numero massimo di bitcoin che potranno venir creati e dei "tagli nella produzione", chiamati halving, per agire sull'inflazione: ogni 4 anni la quantità di nuovi bitcoin immessi in circolazione dimezza e la "produzione" di nuove unità terminerà prima del raggiungimento dei 21 milioni, quindi l'inflazione andrà progressivamente a diminuire fino a divenire deflazione dopo che sarà minata l'ultima unità.

Spesso si sente dire che bitcoin - avete notato la lettera minuscola? - è un bene (in inglese asset) raro, perché ne esisteranno soltanto 21 milioni di unità.

In realtà le cose non stanno proprio così.

Possiamo definirlo "**asset scarso**" dal momento che è stato stabilito all'interno del protocollo un limite alla sua inflazione, alla quantità di "monete" che potranno essere "coniate", ma di certo non è raro.

Bitcoin può essere definito "asset scarso", perché ha appunto una delle

caratteristiche che fanno guadagnare valore a un bene: **la scarsità**.

I famosi 21 milioni di bitcoin, che per'altro 21 non sono - approssimando per eccesso saranno 20,999,949.9769 nel 2140 [18] - sono solo una convenzione utile a capire questa sua limitazione, in gergo chiamata total supply.

DEVO COMPRARE UN BITCOIN INTERO?

L'asset bitcoin è frazionabile.

Pensate, può avere fino a otto cifre decimali!

Se ragioniamo in euro, vediamo che 1 euro è frazionabile fino a due cifre decimali (anche se in finanza se ne usano di più), in questo modo: 1,00 euro. Nella vita di tutti i giorni usiamo anche i centesimi e sappiamo che 100 centesimi fanno un euro intero.

Per bitcoin le cose funzionano in modo simile ma con otto cifre decimali.

1 bitcoin è rappresentabile così: 1,00000000. Se ne deduce che la più piccola parte di bitcoin è questa: 0,00000001 bitcoin.
Questa unità di base, come abbiamo detto poco sopra, prende il nome dall'ideatore di Bitcoin e viene definita satoshi.

Ci vogliono esattamente 100 milioni di satoshi per formare un bitcoin intero.

Ne consegue che potremmo accettare e/o comprare tutti i satoshi che desideriamo, senza bisogno di comprare un bitcoin, consapevoli che non verranno messi in circolazione più di 20,999,949.9769 x 10^8. Per chi non è avvezzo a ragionare in potenza, si tratta di circa 21 milioni moltiplicati per altri 100 milioni di unità effettivamente spendibili.

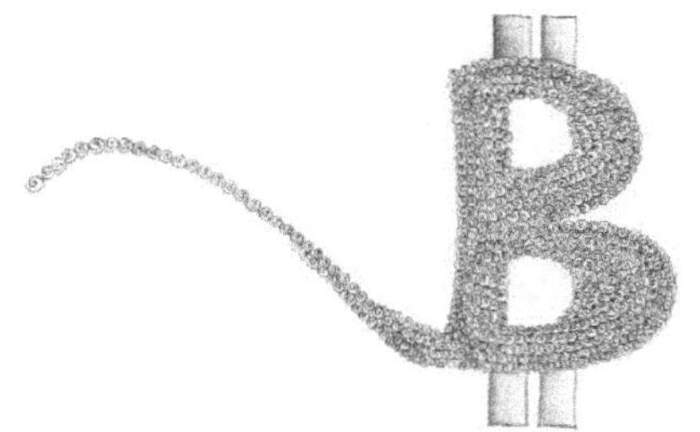

Una quantità apparentemente spropositata ma senza dubbio più consona a un sistema monetario globale, con più di 7 miliardi di potenziali utilizzatori.

COME VENGONO PRODOTTI I BITCOIN?

Abbiamo detto che ci saranno in circolazione un massimo di circa 21 milioni di bitcoin (o 21 milioni per cento milioni di satoshi). Ma come vengono "prodotti" questi bitcoin?

Si è spesso portati a credere che i bitcoin vengano generati dal nulla grazie a un computer, e che chiunque possa crearli con estrema facilità.

Questa idea viene diffusa tipicamente dai detrattori della tecnologia Bitcoin, per ignoranza o per astio nei confronti di un sistema monetario alternativo e concorrente rispetto a quello attuale.

Bitcoin minaccia il ruolo del Dollaro come principale medium di scambio globale ed è quindi comprensibile che chi ha interessi a mantenere lo status quo diffonda queste falsità.

I bitcoin non vengono generati dal nulla bensì assegnati dal software che gira sui nodi del sistema (vedi capitolo *"Che cos'è un nodo Bitcoin?"*).

Questo software mette in circolazione nuovi bitcoin mediamente ogni 10 minuti, ossia ogni blocco di transazioni "scoperto".

Mi rendo conto che questa frase sia complessa quindi cerchiamo di chiarire il concetto delle transazioni e dei blocchi prima di arrivare alla generazione di nuovi bitcoin.

Coloro che partecipano alla rete Bitcoin possono inviarsi delle transazioni: Alice può inviare a Bob qualsiasi quantità di bitcoin in suo possesso.

La transazione di Alice verso Bob viene propagata, poco a poco, a partire dal nodo di Alice a tutti i nodi della rete, e memorizzata temporaneamente al loro interno in quella che viene chiamata Mempool, una memoria temporanea appunto.

Ogni nodo della rete ha una sua Mempool.

CHI SONO I MINATORI?

Esistono dei nodi che, oltre a verificare le transazioni della rete e assicurarsi che vengano rispettate le regole di Bitcoin, hanno un'altra funzionalità: lavorano per il sistema e, nello specifico, trascrivono queste transazioni nel registro condiviso chiamato blockchain, rendendole irreversibili.
Ma cosa fanno esattamente?

Abbiamo detto che Alice invia una transazione verso Bob ma che questa, prima di raggiungerlo, viene "parcheggiata" nella memoria temporanea del primo nodo disponibile.

Questi nodi speciali, chiamati **minatori (miner)**, pescano delle transazioni messe in questa memoria temporanea e le trascrivono in un elenco chiamato blocco candidato. Ogni minatore crea il suo elenco di transazioni e i suoi blocchi candidati.

La trascrizione è la parte più semplice del difficile lavoro del minatore.

Il minatore infatti, partecipa a una competizione con gli altri minatori: scopo di questa competizione è trovare la soluzione a un problema crittografico di difficile risoluzione ma di facile verifica. Semplificando estremamente il concetto - vi invito a leggere Mastering Bitcoin di Antonopoulos per il dettaglio del procedimento - si cerca un numero, un codice estremamente complesso da trovare, che è la soluzione a questo problema.

Occorrono macchinari molto potenti e costosi per trovare questo numero. Si procede per tentativi, con un metodo chiamato "brute force"; si calcola il primo numero, lo si testa e se non va bene lo si scarta, si calcola il secondo, lo si testa e se non va bene lo si scarta, e così via.

La difficoltà nel trovare questo singolo numero corretto è tale che un minatore riesce a trovarlo mediamente ogni 10 minuti!

Immaginate di avere davanti un problema matematico: invece di risolverlo utilizzando delle formule standard, andate avanti per tentativi, perché non esiste nessuna formula in grado di fornirvi facilmente la soluzione.

È come quando il nostro cervello ha a che fare con le tabelline o le potenze: inizialmente la difficoltà è bassa al punto che possiamo procedere per automatismi e a memoria, ma quando i numeri aumentano finiamo per procedere per tentativi, sommando o moltiplicando.

Una volta trovata la soluzione corretta, il minatore la inserisce all'interno del blocco in costruzione assieme alle transazioni: il numero costituisce la prova che il minatore ha effettivamente partecipato alla gara e viene chiamato in gergo "**Prova di Lavoro**" (Proof of Work). Dopo, invia questo blocco, ormai chiuso, alla rete, affinché venga verificato dagli altri nodi.

Immaginiamo la ricerca della Prova di Lavoro da parte del minatore e la verifica da parte dei nodi come un'equazione matematica.
Vediamo un esempio molto semplice basato su un sistema di equazioni:

$$\begin{cases} y = 2x \\ 4x + y = 12 \end{cases}$$

Si risolve in questo modo:

$$\begin{cases} 4x + 2x = 12 \text{ e quindi } 6x = 12 \\ x = 2, \ y = 4 \end{cases}$$

Abbiamo impiegato del tempo a risolvere questa equazione - molto poco, a dire il vero - ma impieghiamo un tempo decisamente minore per verificarla.

Basterà infatti sostituire le due incognite x e y con i numeri appena scoperti all'interno del sistema iniziale.

Quindi **trovare la Prova di Lavoro è difficile, verificarla è facile**.

Oltre alla Prova di Lavoro e alle transazioni di alcuni utenti, il minatore inserisce anche un'altra transazione, questa volta un po' particolare: è costituita in modo da inviare all'indirizzo dello stesso minatore una certa quantità di bitcoin, come ricompensa per il lavoro svolto.

Da dove vengono questi bitcoin?
Sono in parte nuovi e in parte costituiti dalle commissioni pagate da chi invia una transazione. Vedremo meglio in seguito cosa significa tutto ciò: per ora comprendiamo solo che i bitcoin, assegnati dal minatore vincente a se stesso, sono chiamati premio (**reward**) e questo è composto da bitcoin nuovi (**subsidy**) e commissioni (**fee**).

Ma quanti sono questi nuovi bitcoin?

Se la scelta fosse libera, il minatore cercherebbe di assegnarsi il più alto numero possibile di bitcoin rispettando solo il limite totale di 21 milioni.

Fortunatamente le regole di Bitcoin sono ferree e l'assegnazione di nuovi bitcoin prevedibile.

All'inizio della storia di Bitcoin, il minatore poteva assegnarsi 50 bitcoin per ogni blocco. La difficoltà nel calcolare la Prova di Lavoro era molto bassa, come un'equazione semplice.

Di conseguenza un minatore con un buon hardware riusciva a trovare molte Prove di Lavoro in un giorno e si assegnava 50 bitcoin ogni 10 minuti circa.

All'epoca il singolo bitcoin non aveva un valore economico e chi minava lo faceva tecnicamente in perdita, solo per tenere in piedi il sistema stesso, per altruismo o per convinzione che un domani il valore di Bitcoin sarebbe stato riconosciuto.

Dopo qualche anno il mercato iniziò a dare un prezzo al singolo bitcoin e di conseguenza chi minava poteva trarre un certo profitto, seppur all'inizio molto limitato.

Dopo quattro anni dall'avvio della rete, però, qualcosa cambiò.

Il numero di bitcoin nuovi assegnati dal minatore a se stesso si ridusse della metà.

Si trattava forse di una punizione autoimposta?
No. Il sistema è concepito così.

Ogni quattro anni, infatti, il numero di bitcoin nuovi che un minatore può assegnarsi si riduce della metà: nel 2012 divenne 25.

Questo riduce l'inflazione di bitcoin e, come effetto collaterale, aumenta tendenzialmente il valore del singolo BTC, perché le unità diventano più scarse.

Nel 2016 il subsidy per i minatori si abbassò a 12.5 a blocco, nel 2020 sarà pari a 6.25, nel 2024 sarà di 3.125, e così via.

Cosa succede se il minatore si assegnasse più bitcoin di quanti sono previsti dal sistema?

Molto semplice. Il blocco non verrebbe accettato dalla rete di nodi, che lo considererebbe non valido in quanto non ha rispettato le regole del network.

Non si può barare.

E se il minatore si assegnasse meno bitcoin di quanto gli spettano?

Sembra impossibile, perché i sistemi di mining sono automatizzati, ma ciò è già successo.

Nel 2011, un minatore, conosciuto con il nickname di Midnightmagic, si è assegnato 49.99999999 bitcoin anziché 50 come ricompensa per un blocco da lui scoperto. [19]

Quel satoshi non assegnato è considerato perso per sempre, perché nessuno può assegnarsi più bitcoin di quanti previsti dal network.

Se Midnightmagic si fosse assegnato 50.00000001 bitcoin nel blocco, lo avrebbe invalidato.

Paradossalmente, se i minatori iniziassero ad assegnarsi meno bitcoin di quelli che meritano, i BTC in circolazione si ridurrebbero e aumenterebbe il valore per singola unità.

Insomma, a Midnightmagic e a tutti coloro che compiono certi errori diciamo: *"Sorry for your loss, thank you for the deflation."* O in italiano: *"Mi spiace per la tua perdita ma ti ringrazio per la deflazione."*

Cosa succede agli altri minatori che perdono la gara?

Il minatore che indovina il numero corretto, la soluzione al problema crittografico sul quale tutti i minatori stavano lavorando e competendo, vince la possibilità di "chiudere" il blocco e inserirlo nella blockchain con i benefici descritti poc'anzi.

E gli altri minatori che fanno?

Anche gli altri minatori sono dei nodi (o si appoggiano a essi), dunque ricevono il blocco contenente la soluzione e lo verificano.

Se il blocco è valido, smettono immediatamente di lavorare sulla soluzione al problema precedente e iniziano a lavorare su un nuovo problema, la cui soluzione verrà inserita nel blocco successivo a quello appena validato.

Il minatore che ha indovinato la risposta all'enigma precedente e proposto il nuovo problema crittografico non ne conosce la soluzione e può dunque partecipare anch'esso alla nuova gara.

Non esiste possibilità di imbrogliare e inserire nel blocco problemi crittografici di cui si conosce già la risposta!

Si può minare insieme per dividersi il lavoro?

Assolutamente sì!

La difficoltà nel minare è ormai altissima. Servono macchinari molto potenti e in gran numero per poter avere qualche possibilità di trovare la corretta Prova di Lavoro e ottenere il premio.

Questa necessità ha fatto sì che il mining di Bitcoin diventasse una vera e propria industria e si creassero dei grandi centri di mining professionale.

Ciò però non significa che l'utente non professionista sia tagliato fuori dal sistema.

Da qualche anno a questa parte infatti molti minatori casalinghi, oltre a investire una certa somma di denaro nell'acquisto di macchinari specializzati nel mining di Bitcoin chiamati ASIC, hanno deciso di collaborare tra loro, creando dei gruppi coordinati online.

Queste gruppi vengono chiamati Mining Pool: il nodo della Pool riceve come tutti i nodi il blocco contenente il problema crittografico e il suo software suddivide il problema in tanti piccoli pacchetti che invia ai vari minatori casalinghi connessi ad esso.

Questi elaborano la loro parte di problema e inviano i risultato alla Pool. Quando un minatore scopre la soluzione corretta, il premio va a chi gestisce la Pool e questo lo spartisce tra tutti i partecipanti in modo equo, in base alla potenza prestata da ciascuno, oltre a tenersi una fetta del premio come commissione (fee).

Mettiamo che io sia un minatore e partecipi a una Pool che ha 100 partecipanti in totale e una fee dell'1%.

Il mio hardware contribuisce con il 5% della potenza totale.

Se trovo la soluzione al problema crittografico ottengo il 5% del premio a cui il proprietario della Pool ha sottratto l'1% come suo guadagno.

A me conviene minare insieme ad altri perché da solo non avrei mai scoperto la soluzione: avrei dovuto risolvere un problema troppo grande e difficile in una volta sola, mentre cooperando con altri minatori ho dovuto risolvere tanti piccoli problemi più semplici per volta.

COME SOPRAVVIVERANNO I MINER QUANDO TUTTI I BITCOIN VERRANNO MINATI?

La riduzione del subsidy spettante al minatore diminuisce inesorabilmente e terminerà.

Non è infatti possibile procedere con infiniti dimezzamenti ed è stato imposto il famoso limite di 21 milioni di bitcoin come total supply.

Si calcola che dopo il 32° halving il subsidy ai minatori sarà di 1 singolo satoshi per blocco, mentre non vi sarà più alcun nuovo satoshi a partire dal 2140.

Ma allora quale incentivo avranno i minatori per continuare a minare?

Quando un minatore costruisce un blocco, sceglie delle transazioni di vari utenti e le inserisce nel suo elenco (il suo **blocco candidato**).

Queste transazioni però contengono un altro incentivo monetario, chiamato **mining fee** (o commissione di mining).

Ogni utente può stabilire una commissione al fine di invogliare il miner a includere la sua transazione nel primo blocco disponibile.

Immaginiamo che Alice voglia inviare 1 bitcoin a Bob: per far sì che la transazione raggiunga Bob nel più breve tempo possibile decide di inserire in quest'ultima una commissione di ben 10,000 satoshi. Alice quindi invierà 1.0001 bitcoin a Bob, di cui 1 per Bob e 0.0001 per il minatore.

Se ne deduce che il minatore vorrà creare dei blocchi con delle transazioni contenenti delle fee generose, lasciando ai blocchi successivi le transazioni con commissioni più basse.

Il premio totale che spetterà al minatore che vince la gara di mining sarà dunque X bitcoin nuovi + Y bitcoin già in circolazione, dove Y è la somma di tutte le commissioni delle transazioni presenti nel blocco in costruzione.

Facciamo un esempio pratico.

Un minatore, un giorno del 2019, crea un blocco candidato in cui ci sono 500 transazioni, con una media di 1,000 satoshi di commissione per transazione.

Il suo premio sarà di 12.5 bitcoin (nuovi, subsidy) + 500,000 satoshi già in circolazione (fee), ossia 12.50500000 bitcoin.

Se il singolo bitcoin vale 10,000 USD, il premio di questo blocco sarà di 125,050 USD.

Con la riduzione dei satoshi nuovi contenuti nel premio, sarà sempre più importante il ruolo delle commissioni.

Per questo motivo si suppone che i minatori daranno una priorità sempre più elevata alle transazioni contenenti una commissione maggiore.

Apparentemente questo potrebbe essere un male, perché costringerebbe Alice a spendere cifre sempre più elevate per pagare Bob. In realtà, se vi ricordate, abbiamo detto che lo scopo principale alla base della creazione di Bitcoin è stato quello di avere un sistema monetario decentralizzato le cui transazioni risultassero irreversibili.

La caratteristica decentralizzazione del sistema e la sua sicurezza si pagano.

Significa dunque che è impossibile utilizzare Bitcoin per svolgere delle microtransazioni?

Diciamo che, all'inizio, Bitcoin era un sistema monetario economico, utile ad abbattere i costi derivanti dalla presenza di una terza parte affidabile nel sistema monetario digitale classico. Il motivo è semplice.

Il prezzo per singola unità era irrisorio, persino inferiore a 1 USD, e il valore del singolo satoshi non era neanche calcolabile.

Poteva dunque essere usato nelle microtransazioni perché, se il costo di 1 kg di pane era di 3 bitcoin (o 3 USD), ci si poteva permettere di spendere 0.0001 bitcoin di commissioni (nell'esempio 0.0001 USD).

Si è però compreso dopo poco tempo che un sistema, per essere decentralizzato, sicuro e anche economico, deve in qualche modo scalare; adattarsi, dunque, alla maggior quantità di transazioni e alla minor quantità di bitcoin nuovi per i minatori, e, di conseguenza, permettere di ridurre il prezzo per transazione anziché aumentarlo nel tempo.

Se il singolo bitcoin vale molto, anche le fee, a parità di satoshi spesi, aumentano di valore. Se poi il premio ai minatori diminuisce, oltre ad aumentare il valore delle fee, aumentano i satoshi necessari per velocizzare le transazioni.

La prima soluzione, avanzata dallo stesso Nakamoto, fu quella di aumentare la quantità di transazioni inseribili in ogni blocco, per mezzo di un aumento delle dimensioni occupate dal blocco stesso all'interno della blockchain.

Era stato infatti inserito da Satoshi un limite alla dimensione del blocco (1 MB), per evitare che, all'inizio della sua storia, il network di Bitcoin venisse riempito con transazioni spazzatura, e di conseguenza si intasasse, perdendo da subito la sua utilità come sistema di pagamento alternativo.

Se fosse stata attuata questa modifica al protocollo e fosse stato rimosso questo limite o reso variabile, si sarebbero però potute verificare due serie problematiche: la prima, già citata, sarebbe stata la possibilità di inserire delle transazioni spazzatura all'interno della blockchain, facendo aumentare il peso della stessa e rallentare il network. Ma non solo; si sarebbe data la possibilità ai minatori d'imbrogliare.

Un minatore avrebbe infatti potuto generare delle transazioni false al solo scopo di riempire in fretta il blocco e arrivare per primo alla Prova di Lavoro, assicurandosi il premio.

La corsa a blocchi sempre più grossi avrebbe comportato come detto la creazione di potenziali blocchi spam, che sarebbero stati sempre più difficili da verificare e avrebbero richiesto capacità su disco sempre più elevate per poter essere memorizzati.

Come è avvenuta una corsa all'hardware da parte del minatore per minare blocchi da 1 MB con difficoltà sempre più alta, così si sarebbe registrata una specializzazione anche nella verifica dei blocchi.

Oggi chiunque, utilizzando un hardware a basse prestazioni, può verificare le transazioni. In una realtà in cui i blocchi non hanno limiti nelle dimensioni, invece, solo pochi nodi rimarrebbero attivi.

La decentralizzazione diverrebbe un'utopia.

Insomma, anche Satoshi sbaglia.

Esiste però un altro metodo per aumentare il numero di transazioni rendendole nello stesso tempo meno costose e mantenendo la decentralizzazione del sistema.

Questo metodo consiste nell'utilizzare la rete Bitcoin con la sua blockchain come livello base a garanzia della decentralizzazione e dell'irreversibilità delle transazioni, e creare dei livelli sopra di essa nei quali scambiarsi direttamente valore tra pari, senza ricorrere a un procedimento di mining.

Il primo e più famoso livello secondario di Bitcoin è chiamato Lightning Network e lo approfondiremo nel capitolo dedicato.

Questo approccio multi-livello, che utilizza Bitcoin come network "statico", le cui modifiche al protocollo sono rare perché il fine ultimo è preservare la decentralizzazione, è alla base del concetto di LNP/BP, che chiariremo, anche in questo caso, in un capitolo specifico.

Tenete presente però che sostenere che la gran parte delle transazioni Bitcoin debbano spostarsi su un layer secondario per poter scalare, non significa che in futuro non si possa o addirittura si debba eventualmente aumentare la grandezza dei blocchi!

Semplicemente dovremmo procedere con un approccio cauto orientato alla preservazione del livello di decentralizzazione raggiunto da Bitcoin, tendere alla saturazione del network di base fino a quando non ci sarà effettivamente bisogno di soluzioni di scaling on-chain - mai aggiustare quello che funziona - e soprattutto sviluppare appieno layer secondari che potranno essere utilizzati a regime anche tra dieci o vent'anni, ma saranno efficienti, sicuri e a disposizione di miliardi di individui e macchine.

Nota di Giacomo Zucco: "Di fatto, l'adozione di SegWit ha comportato quello che, per semplificare, potremmo definire un aumento della capacità dei blocchi.
Il block size è sempre di circa 1 MB, mentre il block weight, un nuovo parametro introdotto con il soft fork SegWit, può arrivare a 4MB.
Per ulteriori informazioni ti invito a leggere l'articolo *Understanding Segwit Block Size* di Jimmy Song [20]."

COME SI ESEGUE UNA TRANSAZIONE?

I bitcoin, intesi come monete nel senso classico del termine, non esistono: quando ci si scambia dei bitcoin si aggiorna in realtà un registro pubblico che certifica la proprietà degli stessi (la blockchain), firmando le transazioni con la nostra chiave privata, l'unico dato informatico realmente in nostro possesso. Quindi, non spostiamo bitcoin ma ne aggiorniamo la proprietà.

Per comprendere il funzionamento del modello utilizzato da Bitcoin per l'invio delle "monete" del sistema vi consiglio di leggere *Mastering Bitcoin di Andreas M. Antonopoulos*, all'interno del quale si spiega con precisione il concetto di output e input di una transazione e come questa venga tecnicamente realizzata in tutte le sue fasi.

Noi qui vedremo invece come queste transazioni vengono eseguite dal punto di vista dell'utente, soprattutto di quello che è alle prime armi o vuole immediatezza nello scambio di denaro.

Transazioni su blockchain

Le transazioni su blockchain vengono considerate al momento transazioni classiche e costituiscono la stragrande maggioranza dei movimenti di bitcoin all'interno del sistema.

In futuro queste transazioni verranno realizzate molto probabilmente su dei livelli appositi costruiti sopra Bitcoin, chiamati *"livelli transazionali"*. Nei capitoli *Che cos'è Lightning Network?* e *Confronto tra TCP/IP e LNP/BP* spiego meglio che cosa si intende con questa definizione.

Vediamo come si realizzano queste transazioni classiche.

Per questo esempio utilizzerò il light wallet Edge di Airbitz Inc. ma gli step sono pressoché gli stessi per Bitcoin Core o per qualunque altro tipo di portafoglio utilizzato.

Diciamo che Alice voglia inviare 1 bitcoin a Bob e intenda eseguire una transazione su blockchain.

Alice aprirà il suo wallet BTC (il ticker con cui viene definito Bitcoin) nel quale ha dei fondi e cliccherà su Invia.

Qui dovrà inserire l'indirizzo pubblico di Bob e specificare l'importo da inviare a quest'ultimo.

Se vi ricordate, nel capitolo *Chi ha creato Bitcoin?* abbiamo parlato di chiavi pubbliche e chiavi private.

L'indirizzo pubblico di Bob è una stringa alfanumerica derivata dalla sua chiave pubblica: potete immaginare l'indirizzo pubblico come un IBAN monouso.

Esempio di indirizzo pubblico *39EVqFcspspQRgNKPuugsbGrn5NN5QvUT9*

Quando effettuiamo un bonifico con la nostra banca, nel campo destinatario inseriamo il nome e cognome (o ragione sociale) e l'IBAN, per essere sicuri che i fondi vadano effettivamente a chi vogliamo noi.

In Bitcoin è come se usassimo un IBAN monouso, ossia un indirizzo pubblico che di volta in volta cambieremo per ragioni di sicurezza e privacy.

Ora Alice vedrà che, impostando 1 BTC come importo da inviare, l'applicazione calcolerà una commissione (fee) che Alice dovrà pagare.

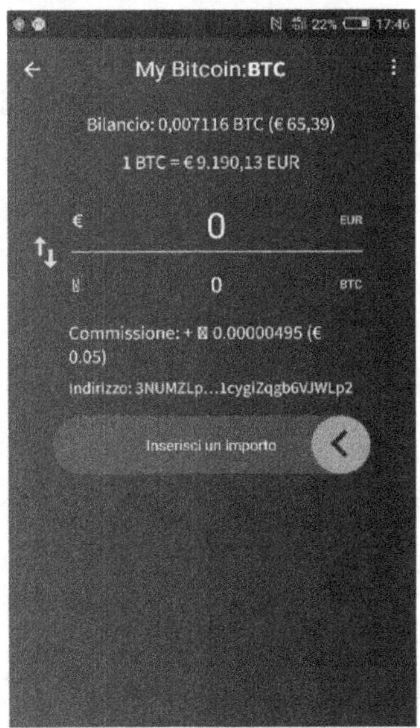

Questa commissione d'invio viene pagata ai minatori che inseriranno la transazione nella blockchain di Bitcoin (vedi capitolo *Chi sono i minatori?*).

La commissione è un valore che può stabilire l'utente: più è alto, maggiore saranno le possibilità che la transazione venga inserita nel primo blocco disponibile e che venga quindi confermata con rapidità.
Alice in questo caso utilizza un buon wallet e quindi può scegliere lei stessa quanto pagare ai minatori. Dal momento che non ha fretta e Bob può attendere 1 giorno per la conferma della transazione, Alice decide di pagare una commissione bassa.

Tutto ciò che descrivo ora viene eseguito dal wallet senza mostrarlo all'utente, quindi non vi spaventate, il procedimento è molto più semplice e rapido.

Ipotizziamo che la transazione di 1 BTC svolta da Alice verso Bob andrà a pesare 250 byte sulla blockchain di Bitcoin e che Alice, cliccando su Commissione Bassa, stabilisca indirettamente di spendere 5 satoshi al byte. L'applicazione calcolerà la commissione che Alice dovrà pagare semplicemente moltiplicando 5 * 250 byte.

Quando Alice si sposterà nella schermata d'invio vedrà che, a fronte di una transazione da 1 BTC, dovrà pagare 1,250 satoshi, ossia 0.00001250 BTC. In totale, dunque, andrà a pagare 1.00001250 bitcoin, di cui 1 a Bob e 0.00001250 al minatore che inserirà la transazione nella blockchain.

Perché dobbiamo pagare una commissione noi che inviamo del denaro?

Quando effettuiamo un pagamento digitale siamo ormai abituati a pensare che le transazioni non comportino commissioni di servizio: in effetti, quando paghiamo con la nostra carta di credito/debito, queste commissioni vengono coperte da chi riceve il pagamento, ad esempio il negoziante dal quale compriamo delle scarpe.

Non dobbiamo pensare alle transazioni su Bitcoin come un'alternativa a quelle su circuiti Visa, Mastercard ecc.

Ho usato il termine IBAN quando ho parlato di indirizzo pubblico e l'ho fatto con cognizione di causa. Le transazioni sul livello base di Bitcoin (via blockchain) sono molto più simili a dei bonifici internazionali.

Anzi, se paragonati a bonifici tra paesi che non hanno rapporti commerciali consolidati o che non si trovano nella stessa area di libero scambio (ad es. UE), le transazioni Bitcoin sono molto più economiche!

Alice ora rivede la transazione e l'autorizza se pensa che le commissioni siano accettabili. Se una transazione di questo tipo venisse effettuata mentre sto scrivendo, Alice avrebbe la possibilità di trasferire un controvalore di circa 10,000 dollari pagando una commissione di 12.5 centesimi. Direi più che economica!

Se poi consideriamo che Bob potrebbe trovarsi in qualsiasi parte del pianeta, anche distante diverse ore di aereo da Alice, e riceverebbe questa grossa quantità di denaro probabilmente in meno di un giorno e in totale autonomia, direi che i vantaggi di Bitcoin rispetto ai sistemi di pagamento transazionale odierni sono evidenti.

Bob riceve 1 bitcoin da Alice e può spenderlo perché può firmare le transazioni future con la chiave privata corrispondente all'indirizzo che ha ricevuto i fondi: può provare di essere lui il proprietario di quel indirizzo e di aver il diritto di spostare il denaro.

Dal punto di vista dell'utente il procedimento è molto più semplice. Bob, se vorrà spendere quei soldi, potrà farlo nello stesso modo di Alice.

Il suo portafoglio elettronico eseguirà una procedura che non verrà mostrata a Bob e che vi spiego molto brevemente qui di seguito.

Una volta ricevuti questi fondi, il wallet li mostrerà "in arrivo" ma non ancora confermati. Dopo qualche tempo la transazione verrà scritta nella blockchain e quindi il wallet li mostrerà "confermati".

Bob potrà spendere questi fondi anche quando si trovano nello stato "in arrivo" ma mettiamo che abbia bisogno di spenderli qualche giorno dopo la loro conferma.

Il wallet di Bob contiene la chiave privata corrispondente all'indirizzo pubblico da lui utilizzato con Alice: quando Bob vorrà spendere i suoi bitcoin, il wallet firmerà la transazione con questa chiave privata autorizzando di fatto il pagamento, perché dimostrerà di poter muovere i fondi. Solo questa chiave privata può effettuare transazioni con i fondi di quell'indirizzo pubblico.

Se ci pensate tutto ciò è analogo a quello che avviene con il sistema crittografico a chiave pubblica (RSA) per l'invio di un messaggio codificato su un canale non sicuro. Con il sistema RSA, Alice potrà cifrare il messaggio con la chiave pubblica di Bob e inviarlo pubblicamente. Bob sarà l'unico a poter leggere il contenuto del messaggio perché questo sarà decodificabile solo grazie alla sua chiave privata, da esso custodita gelosamente (vedi *Chi ha creato Bitcoin?*).

Le transazioni su blockchain hanno un livello di sicurezza molto elevato per quanto riguarda l'irreversibilità delle stesse, ma richiedono del tempo per essere confermate dal network e soprattutto, come abbiamo visto, comportano delle fee che possono essere anche molto alte e che lo saranno ancora di più, se guardiamo il controvalore in dollari, qualora il prezzo del singolo bitcoin dovesse aumentare ancora.

Transazioni via Lightning Network

Lightning Network è un protocollo di pagamento che rappresenta un livello secondario posto sopra il livello base Bitcoin.

Lo approfondiremo nel capitolo dedicato, ma per il momento vediamola in questo modo: Bitcoin è il livello base, quello che garantisce la sicurezza del sistema e l'irreversibilità delle transazioni, Lightning è una rete di canali di pagamento che garantisce scalabilità (possono essere eseguite milioni di transazioni al secondo contro circa 7 transazioni di Bitcoin su blockchain), velocità (non si attendono conferme da parte della rete), privacy (i pagamenti avvengono direttamente tra due utenti) e convenienza (non vengono pagate commissioni ai minatori, anzi si potrebbero avere transazioni completamente gratuite).

Per azzardare un paragone, Bitcoin sta ai pagamenti transfrontalieri con bonifico internazionale come Lightning Network sta a Visa e Mastercard.

Lightning Network, per via dell'assenza del ruolo dei minatori nelle transazioni, è utilissimo per i micropagamenti, ossia la maggior parte delle transazioni che si svolgono nella vita di tutti i giorni.

Mettiamo che Alice debba pagare a Bob, il suo panettiere di fiducia, 100 satoshi per 1 Kg di pane.

Alice dovrà usare un portafoglio compatibile con Lightining Network.

In questo esempio Alice utilizza BlueWallet, ma considerate che questo è un wallet semi-custodial, quindi se volete provare qualche transazione su Lightning Network usando questo portafoglio, assicuratevi di non tenere troppi satoshi al suo interno.

Bob mostrerà il conto ad Alice e, con il suo wallet compatibile con Lightning Network, genererà una fattura (**Invoice**) da 100 satoshi.

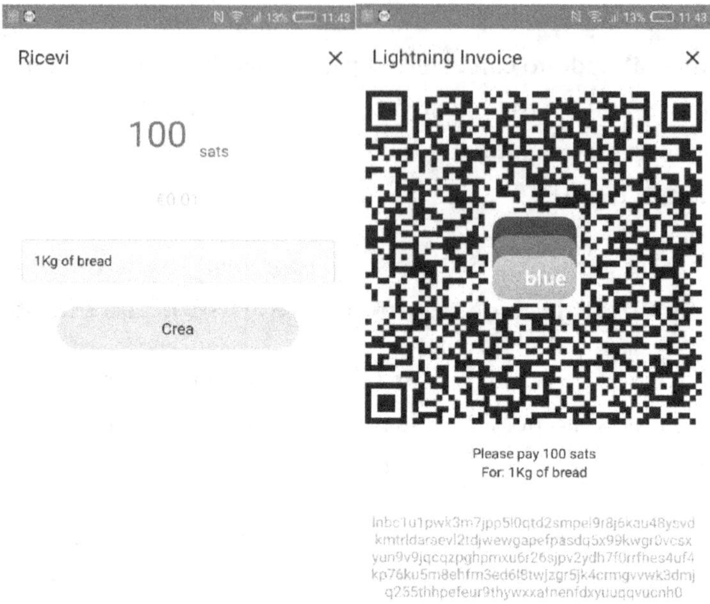

Alice aprirà il suo wallet e cliccherà su Invia: ora scansionerà il QR code dal portafoglio di Bob e cliccherà Invia.

Fatto.

Bob riceverà i fondi in pochi secondi e questi saranno già spendibili in sicurezza, perché non dovranno essere trascritti sulla blockchain di Bitcoin.

Avrete notato che in questo tipo di transazioni non è Alice a dover stabilire direttamente quanti satoshi inviare e verso quale indirizzo pubblico, bensì è Bob a dover creare una Invoice univoca che, una volta pagata, non sarà più riutilizzabile. L'invoice diverrà inutilizzabile anche qualora non dovesse venir pagata dopo qualche decina di minuti dalla sua creazione.

Le transazioni su Lightning Network sono attualmente ancora poco praticate e la rete ancora in fase di sviluppo; hanno un livello di sicurezza inferiore alle transazioni su blockchain per quanto riguarda l'irreversibilità delle stesse, ma sono più rapide, privacy-oriented e soprattutto permettono di spostare anche piccolissime somme di denaro senza commissioni o quasi, cosa non fattibile con le transazioni sul livello base. Addirittura permettono di eseguire pagamenti in sub-satoshi, eliminando di fatto eventuali futuri problemi di liquidità del sistema Bitcoin (vedi capitolo *Il "pericolo" della deflazione in Bitcoin*).

Negli anni a venire, probabilmente, si realizzeranno dei portafogli elettronici molto più semplificati che sceglieranno in automatico il tipo di transazione da eseguire, con il massimo risparmio di tempo e commissioni da parte dell'utente.

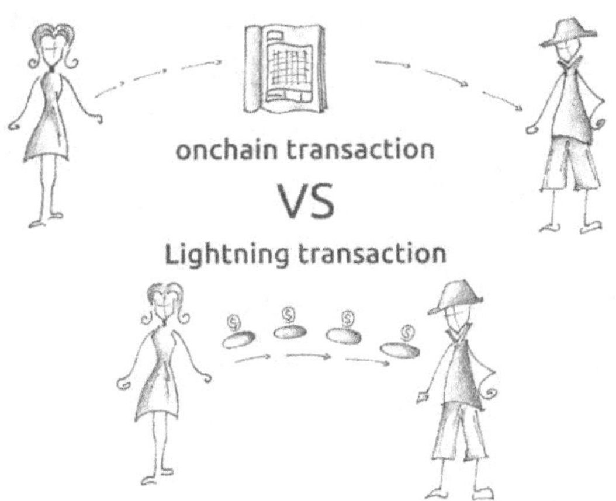

COME CONSERVO I BITCOIN?

Anche se non possediamo veramente dei file chiamati bitcoin ma bensì una sorta di "certificato di proprietà" che ci permette di mettere in moto queste "monete digitali", possiamo semplificare dicendo che i bitcoin vengono conservati in un portafoglio elettronico. Il portafoglio può essere rappresentato da un'applicazione sullo smartphone o un software sul computer. Questa applicazione contiene i nostri indirizzi pubblici, ossia delle stringhe alfanumeriche, tramite i quali potremo "ricevere" bitcoin (analoghi al noto IBAN bancario), e delle chiavi private, da tenere nascoste (analoga alle nostre credenziali bancarie).

La chiave privata certifica la nostra proprietà, quindi se perdiamo quella non possiamo recuperare i bitcoin presenti nel nostro portafoglio.

Tramite la chiave privata, il nostro portafoglio può calcolare il bilancio spendibile e può far verificare nuove transazioni.

Tipicamente i wallet nascondono all'utente le chiavi private per evitare che quest'ultimo le condivida, ma, se sono portafogli non custodi (non-custodial wallet) consentono al proprietario un controllo esclusivo sui suoi fondi, che non vengono monitorati dal fornitore del wallet, e permettono al proprietario di esportare le chiavi private e salvarle altrove.

Alcuni utenti preferiscono conservare i propri fondi su dei portafogli che non permettono l'esportazione delle chiavi private: questi sono chiamati custodi (custodial wallet) e sono sistemi centralizzati, analoghi alle banche classiche ma spesso con un sistema di sicurezza decisamente meno efficiente rispetto a quest'ultime.

CHE COS'È UN FORK DI BITCOIN?

In informatica con il termine fork si intende lo sviluppo di un software a partire dal codice sorgente di un progetto precedente. Una vera e propria biforcazione.

In Bitcoin esistono diversi tipi di fork: consideriamo i **soft fork**, i **Consensus hard fork** e gli **hard fork senza consenso**.

I soft fork vengono effettuati per introdurre una nuova funzionalità al protocollo Bitcoin preservando però la retro compatibilità della nuova versione.

Il più importante soft fork dell'ultimo periodo riguarda l'introduzione di SegWit (o Segregated Witness), il cui scopo principale fu la risoluzione del problema della malleabilità [21] di Bitcoin e che, come effetto secondario, "snellì" il peso delle transazioni all'interno del blocco.
Un portafogli non SegWit (chiamato legacy) non ha problemi di compatibilità ad eccezione di uno: non puo' inviare fondi a indirizzi SegWit nativi (quelli che iniziano con bc1), mentre questi possono inviare bitcoin agli indirizzi legacy senza problemi di compatibilità.

Consensus hard fork

Gli hard fork guidati dal Consenso della community vengono effettuati tipicamente per la risoluzione di gravi falle nel codice o per l'introduzione di una nuova funzionalità non compatibile con il codice precedente.

Ipotizziamo che in futuro sia necessario aumentare la grandezza dei blocchi di Bitcoin per aumentare la scalabilità su blockchain, ossia il numero di transazioni per ogni singolo blocco. Coloro che proporranno questa modifica cercheranno di ottenere il consenso da parte dei nodi della rete.

La modifica potrebbe essere inizialmente accolta positivamente e i programmatori potrebbero scrivere delle nuove versioni dei software contenenti questo aumento della grandezza dei blocchi (ad es. una nuova versione di Bitcoin Core).

Ora il "voto" passa nelle mani di coloro che mantengono i nodi: se accetteranno la modifica, andranno a installare la nuova versione dell'applicazione, altrimenti continueranno a utilizzare la versione corrente, rifiutandola.

Quando i nodi iniziano a installare il nuovo software, il "diritto di voto" passa ai minatori.

Verrà infatti stabilita una data in cui le modifiche diverranno operative e i minatori dovranno scegliere su quale catena minare: o la principale, senza modifiche, o la nuova biforcazione. La catena che guadagnerà più potenza di calcolo sarà considerata quella principale.

Se dunque il fork avrà l'appoggio prima della community di sviluppatori, poi dei nodi e infine dei minatori, allora avrà guadagnato il Consenso e verrà ritenuta la catena principale.

Va da sé che, qualora mancasse uno di questi "aventi diritto di voto", il fork fallirebbe.

Hard fork senza Consenso

Tecnicamente parlando un hard fork senza Consenso non esiste e viene definito semplicemente hard fork fallito.

Dagli sviluppatori vengono infatti definiti "Hard Fork" solo le biforcazioni avvenute con successo e, dunque, in accordo con il Consenso.

A livello d'importanza il più alto è il consenso dei nodi e, indirettamente, di coloro che utilizzano l'asset bitcoin: qualora un hard fork venisse appoggiato dai minatori ma rifiutato dalla maggioranza dei nodi, è altamente probabile che l'asset bitcoin della catena originale manterrebbe un valore economico più alto di quello della catena secondaria, inizialmente più lunga e con più potenza di calcolo.

La diminuzione del valore del bitcoin della nuova catena si ripercuoterebbe sui minatori, che avrebbero meno profitto a continuare il mining di questa blockchain e sarebbero dunque costretti, per interesse economico, a spostare la loro potenza di calcolo sulla precedente.

Un esempio recente è avvenuto con un fork di Bitcoin Cash, a sua volta un fork di Bitcoin avvenuto senza Consenso. La nuova catena chiamata BSV aveva inizialmente più hashrate (potenza di calcolo) della vecchia BCH e la sua catena rimase la più lunga per qualche giorno. I nodi di Bitcoin Cash però non supportarono in maggioranza il nuovo fork e ciò comportò una diminuzione significativa del prezzo dei nuovi asset BSV, con conseguenti perdite economiche ingenti da parte dei minatori.

Ora la catena Bitcoin Cash è di nuovo la più lunga, ha più hashrate di quella di BSV (più del doppio) e l'asset ha una dominance di mercato di circa il 2% contro lo 0.9% di BSV.

Chiaramente entrambi questi fork, essendo avvenuti senza Consenso, non rappresentano la catena Bitcoin principale, il cui asset BTC ha una dominance di mercato di circa il 70%.

Abbiamo detto che Bitcoin è un progetto open source e che chiunque può utilizzare il codice per gli scopi più disparati.

Abbiamo anche detto che quando il Consenso non viene rispettato e si procede comunque alla realizzazione delle modifiche al protocollo, queste, pur essendo rigettate dalla maggioranza dei nodi Bitcoin, creano una biforcazione al codice, chiamata hard fork senza Consenso.

Cosa comporta tutto ciò per noi sostenitori di Bitcoin (la catena principale) e per i nostri bitcoin?

Assolutamente nulla.

La catena originale non viene minimamente affetta dai cambiamenti e i nostri bitcoin rimangono al sicuro.

Quello che succede è che appunto la catena splitta e si genera una nuova catena che prosegue il suo percorso in modo indipendente da Bitcoin.

Può accadere che, se il progetto di modifica comporta la creazione di una nuova catena in competizione con la precedente, si crei un nuovo asset: nel caso della modifica non consensuale del 2017, venne creato l'asset bitcoin cash (BCH).

I detentori di bitcoin si trovarono di colpo in possesso di due asset: bitcoin (BTC) e bitcoin cash (BCH). Il primo mantenne il suo valore economico, il secondo perse valore rispetto al primo.

Gli utenti ebbero però la possibilità di decidere se tenere entrambi gli asset, venderne uno in favore dell'altro o ignorare semplicemente il secondo.

Personalmente decisi di supportare solo la catena principale e di rispettare il Consenso, quindi vendetti i miei pochi satoshi BCH in favore dei miei preziosi satoshi buoni (BTC).

Nota di Giacomo Zucco: ""L'analogia con una votazione, per quanto adatta a fornire un'immagine comprensibile delle complesse dinamiche di Consenso ai lettori non esperti, è sicuramente semplicistica e non va presa troppo alla lettera. Le scelte fatte in fase di sviluppo del software non avvengono tramite una votazione "democratica", ma con un articolato processo meritocratico simile a quelli tipicamente adottati da molti protocolli aperti (ad esempio lo stesso Internet), basato su concetti come il "rough consensus" e descritto in parte, per esempio, nell'articolo di Jameson Lopp *Who Controls Bitcoin Core?* [22]. Anche il cosiddetto "voto" dei nodi non va considerato tale in senso letterale, ad esempio per il fatto che il mero "numero di nodi" non rappresenta una metrica verificabile (la vera metrica, che è possibile ricostruire solo ex-post e non è rigorosamente quantificabile, riguarda il peso economico di un'ente che riceve fondi usando un nodo Bitcoin per la validazione). Infine, anche il cosiddetto "voto" dei miner, per quanto

l'hashrate relativo rappresenti, a differenza del "numero di nodi", una metrica oggettiva e misurabile, non rappresenta affatto un processo "democratico" di decisione, ma è invece propriamente da intendere come meccanismo di "signaling of readiness", con connotazioni puramente tecniche, anche se ci sono stati tentativi di dipingerlo come un voto "politico"."

COME FACCIO A RICONOSCERE I BITCOIN FALSI DA QUELLI VERI?

Chi vorrà seguire una nuova catena potrà farlo, ma se provasse a inviare dei bitcoin alternativi alla catena principale questi non verrebbero riconosciuti come validi.

In effetti questo è un modo per distinguere i bitcoin "veri" da quelli "falsi" ed è simile a quello che avviene nei sistemi di pagamento centralizzati.

La catena USD può subire uno split qualora uno stato adotti il Dollaro e poi da esso crei la sua moneta locale.

La condivisione del nome, anche se non si condivide inizialmente la stessa "catena", avviene spesso in ambito monetario: pensate al dollaro dello Zimbabwe il cui valore non è neanche lontanamente paragonabile al Dollaro Americano, oppure, senza andare dall'altra parte del mondo, al Dollaro Canadese, che vale circa 0,76 USD.

Dunque è semplice riconoscere dollari differenti, ma può essere complicato distinguere dollari falsi seppur sembrino sempre USD:

con Bitcoin questo non può succedere perché eventuali bitcoin falsi semplicemente non vengono accettati dalla rete.

CHE COS'È LA BLOCKCHAIN?

Tecnicamente parlando, **la blockchain è il registro dei blocchi validati del protocollo Bitcoin**.

Ora dobbiamo però approfondire, perché si tratta di un concetto difficile da comprendere, dal momento che gran parte di noi è abituata alle transazioni in contanti nel mondo reale e, quando si parla di transazioni digitali, non ha ben chiaro come queste avvengano.

Vediamo insieme come avvengono le transazioni digitali e come siamo arrivati alla definizione di blockchain di cui sopra.

Se vi ricordate l'esempio di Alice e Bob, abbiamo detto che nelle transazioni digitali classiche esiste un ente terzo che autorizza il pagamento.

Ebbene, quello che fa, in estrema sintesi, non è altro che aggiornare il registro interno contenente i movimenti di Alice e inviare la richiesta di aggiornamento alla banca di Bob, la quale aggiornerà il saldo di quest'ultimo.

Non esistono dunque file (o token) trasferiti tra una banca e l'altra, men che meno denaro contante trasferito fisicamente da una parte all'altra per mezzo di un fattorino.

Si tratta di puri e relativamente semplici registri numerici.

Arriviamo dunque alla blockchain, registro che fa a meno della terza parte affidabile, e analizziamola.

Una primissima definizione di blockchain potrebbe essere la seguente: una lista distribuita e decentralizzata di dati digitali inseriti rispettando un ordine temporale.

Capirete bene che vi ho detto tutto e niente.

Quali dati? Registro distribuito tra chi? Quanto decentralizzato? Quale ordine temporale e stabilito da chi?

Insomma, una definizione del genere solleva più domande di quante risposte offra.

Un registro distribuito

Il concetto di registro distribuito (in gergo *DLT, Distributed Ledger Technology*) è molto generico e si riferisce a una tecnologia che permette di immagazzinare dei dati in modo per l'appunto distribuito, evitando la centralizzazione su un unico grande server, che se attaccato potrebbe comportare la caduta dell'intero sistema e la conseguente perdita dei dati stessi.

La tecnologia Distributed Ledger è decentralizzata nella gestione dei dati ma non implica necessariamente la decentralizzazione dell'organizzazione che l'ha adottata o creata. Potenzialmente può già essere utilizzata dalla vostra banca.

La catena di blocchi

Il concetto di "catena di blocchi" o chain of blocks (successivamente divenuta time chain, poi block chain e infine blockchain), venne introdotto da Satoshi Nakamoto nel 2008, nel suo documento *"Bitcoin a peer-to-peer electronic cash system"* [1]: per far sì che potesse esistere un sistema monetario completamente digitale che non fosse attaccabile da terze parti, quali ad esempio hacker, governi e istituti privati, era necessario trovare un modo di decentralizzare la gestione della rete e l'emissione di unità monetarie. Era altresì necessario che il nuovo sistema non permettesse all'utente di spendere più volte lo stesso denaro, così come non è possibile per una stessa persona pagare due volte di seguito con la stessa banconota.

Ma mi sto ripetendo perché abbiamo già visto, nei primi capitoli, che cos'è Bitcoin e perché è stato creato.

Ecco dunque l'idea di utilizzare un sistema di validazione delle transazioni a "blocchi".

Abbiamo già visto che il blocco è creato da un minatore ed è, in buona sostanza, l'insieme di alcune transazioni fatte dagli utenti, di una transazione che paga il minatore per il lavoro svolto e della Prova di Lavoro da lui scoperta.

Il blocco ha però qualcosa di più al suo interno:

- **una sorta di indice che lo collega al blocco precedente**
- **il problema che i minatori dovranno risolvere e che lo collegherà al prossimo blocco.**

Semplifichiamo il discorso immaginando il blocco come la pagina di un libro che ha altre migliaia di pagine.

Se questa non avesse un numero di pagina e venisse tolta dal libro assieme ad altre, sarebbe difficile se non impossibile rimetterla al suo posto, capire l'ordine di lettura.

La blockchain è proprio analoga a un libro e i blocchi, ordinati temporalmente, ne costituiscono le pagine numerate.

Attraverso questo libro possiamo monitorare tutte le transazioni effettuate dai partecipanti, assicurarci che nessuno bari, ad esempio spendendo due volte lo stesso denaro, e risalire persino alla primissima transazione, contenuta all'interno del primo blocco, chiamato Genesis Block, realizzata da Satoshi Nakamoto.

Nota a margine ma di fondamentale importanza.

Non esiste blockchain senza Bitcoin!

La blockchain è solo una parte del funzionamento di Bitcoin, che è l'insieme di tutti i protocolli e diverse tecnologie.

Il protocollo di base Bitcoin non funziona senza blockchain così come non funziona senza firme digitali, chiavi crittografiche, Prova di Lavoro, nodi, ecc.

Possiamo però scambiare bitcoin (la moneta del sistema) anche senza ricorrere alla blockchain, o meglio, ricorrendone in minima parte, grazie ai cosiddetti livelli transazionali, come ad esempio Lightning Network.

La blockchain, in un certo senso, è inefficiente per design.

Il suo scopo non è quello di permettere transazioni rapide e gratuite ma di assicurare l'irreversibilità delle stesse (o la tendenza all'irreversibilità) e fornire un ordine temporale ai blocchi che le contengono.
I blocchi devono essere comunicati e verificati da tutti i nodi della rete, il che complica le cose dal punto di vista della scalabilità e della rapidità delle transazioni.

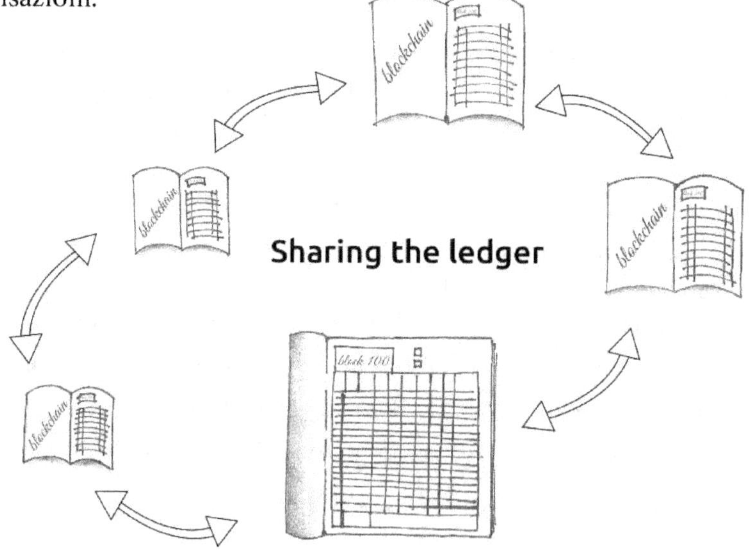

Inoltre questo registro, essendo pubblico, mal si presta all'anonimato delle transazioni, dal momento che queste sono in chiaro e visibili a tutti i partecipanti.

Quando qualcuno vi dice che Bitcoin viene scelto come sistema di pagamento dai criminali per via del suo anonimato, dice in realtà una cosa non vera.

Bitcoin è pseudo-anonimo: la blockchain tiene traccia delle transazioni e degli indirizzi Bitcoin coinvolti. Si tratta, come detto, di indirizzi alfanumerici e non di nomi, quindi si presuppone che le transazioni avvengano in modo anonimo proprio per questo motivo.

In realtà, nel momento in cui un utente rende pubblico il suo indirizzo, perde l'anonimia, a meno che esso non celi la sua identità dietro a un nickname.

Se per esempio io dovessi ricevere un pagamento tramite l'indirizzo pubblico 39EVqFcspspQRgNKPuugsbGrn5NN5QvUT9 e lo associassi al mio nome e cognome, tutte le transazioni legate a quell'indirizzo potrebbero venir tracciate da chiunque volesse effettuare delle indagini.

QUALI SONO GLI ALTRI USI POSSIBILI DELLA BLOCKCHAIN DI BITCOIN?

La blockchain di Bitcoin è stata creata con il preciso scopo di costituire un registro delle transazioni, o meglio dei blocchi validati contenenti le transazioni, che permettesse a tutti i partecipanti di tenere traccia dei propri fondi, evitare (o cercare di evitare) la doppia spesa di questi ultimi e avere un riferimento temporale indipendente dai partecipanti stessi della rete o di un ente centrale.

Evitare il double spending e mettere d'accordo tutti su chi ha cosa.

La sua funzione è dunque quella di certificare che una certa transazione sia avvenuta in uno specifico punto nel tempo e che sia spendibile solo esclusivamente da chi possiede la chiave privata relativa all'indirizzo pubblico al quale i fondi di quella transazione sono destinati.

Per questo motivo, uno dei primi nomi dati a questa catena di blocchi fu **time chain** (o timechain).

Estremizzando, la blockchain non è altro che un registro che muta nel tempo e non torna indietro (o per lo meno non dovrebbe), non una tecnologia rivoluzionaria.
La rivoluzione sta nel COME questo registro viene aggiornato e da CHI lo aggiorna.

Bitcoin, inteso come livello base e insieme di protocolli contenente anche la blockchain oltre a tutte le altre innovazioni tecnologiche che abbiamo descritto in precedenza, è la vera rivoluzione.

Spesso chi utilizza il termine su cui stiamo ragionando lo fa fuori contesto e dunque pensa che dentro una blockchain possa essere messo qualunque cosa e qualunque dato: dalle informazioni personali a quelle sui prodotti, dai risultati di un'elezione agli algoritmi che fanno funzionare un'AI o un'autovettura.

Fondamentalmente una blockchain viene utilizzata per trasportare dei dati riguardanti delle transazioni monetarie. È proprio l'incentivo monetario a far funzionare il sistema, e il più alto incentivo possibile è per l'appunto rappresentato dai bitcoin che circolano in esso.

Qual è l'incentivo che vi farebbe installare sul vostro PC un programma utile a far funzionare una rete decentralizzata se non quello monetario? Sicuramente c'è chi sarebbe disposto a tenere in piedi una rete decentralizzata per interesse accademico o civile, nell'ipotesi che esistesse una rete decentralizzata per la ricerca scientifica o per il voto elettronico, ma il numero di partecipanti (anche detti "nodi") sarebbe decisamente minore di quello che tiene in piedi Bitcoin.

Fatta questa doverosa premessa, che ripeto come un mantra a chi mi parla de "La Blockchain" e/o la esalta ignorando Bitcoin, vediamo ora quali possibili altri usi potrebbe avere questo registro.

Il fatto che i dati siano le informazioni sulle transazioni implica che non sia possibile utilizzare questo registro anche per altro?

Assolutamente no.

Una transazione è formata da una serie di informazioni: oltre alla quantità di bitcoin che si inviano e a quelli che si ricevono come resto, ipotizzando che si tratti di una transazione di base da un indirizzo a un altro come quella vista in precedenza tra Alice e Bob, è presente un altro parametro chiamato *OP_RETURN*: all'interno di questo parametro possiamo inserire delle informazioni (limitate).

Perché dovremmo aver bisogno di inserire dei dati non monetari su un sistema decentralizzato come Bitcoin?

In estrema sintesi, per sicurezza: sicurezza di conservazione, di non manomissione e di non censura.

Non per far raggiungere quel dato al suo destinatario nel più breve tempo possibile, dato che il blocco contenente la transazione, che a sua volta contiene questa informazione aggiuntiva, deve essere processato da tutti i nodi della rete.

In secondo luogo per evitare di costruire una nuova blockchain per ogni nuovo caso d'uso, dato che si avrebbero probabilmente dei server distribuiti nelle mani di pochi attori (permissioned) o una rete effettivamente decentralizzata (permissionless) ma non sicura quanto quella di Bitcoin.

Se vi ricordate abbiamo detto che, per garantire il più alto livello di decentralizzazione, è necessario tra le altre cose che il registro sia il più leggero possibile: ne consegue che i dati che potremmo inserire nella blockchain di Bitcoin saranno relativamente pochi rispetto a quelli che altri registri distribuiti potranno contenere, ma che li renderanno poco decentralizzati.

Insomma, **la scelta è tra sicurezza e prestazioni**, intesi come rapidità e capacità di memorizzazione.

Quando è nata mia nipote ho inserito il messaggio "*data XXXXXX ore 22.00, è nata Arianna!*" nella blockchain di Bitcoin, al fine di avere in futuro un ricordo di quel giorno. Sono passati diversi blocchi da allora, quindi posso affermare con relativa sicurezza che questo messaggio rimarrà per sempre all'interno del registro condiviso.

Ho sfruttato la rete Bitcoin per trasmettere un dato non relativo a una transazione monetaria.
Il fatto di aver inserito tale messaggio nella blockchain, però, non significa che esso corrisponda a verità!

Avrei potuto scrivere una data diversa da quella di nascita, un nome diverso
o altre informazioni contrastanti o non attinenti.

Questo messaggio costituisce un'informazione utile e reale per me, ed è
dunque una certificazione totalmente soggettiva.

Quando scriviamo all'interno della blockchain di Bitcoin dei dati diversi dalle
transazioni monetarie, semplicemente andiamo a inserire un record e lo
proteggiamo da cambiamenti nel tempo causati da agenti esterni (un ente
centrale, un attaccante, ecc.). Certifichiamo il dato, ma ciò **non significa che
l'informazione inserita corrisponda a realtà.**

Comprendiamo quindi che la blockchain, seppure si presti a proteggere il
dato digitale da future manomissioni, non garantisce la veridicità dello stesso
e dunque non si presti bene, ad esempio, al controllo di una filiera
produttiva.

Vogliamo inserire su una blockchain il numero di serie di una autovettura?

Facciamolo pure, ma ricordiamoci che ci sarà sempre qualcuno incaricato di
scrivere quel dato e che dunque potrà manomettere la realtà: insomma, la
berlina tracciata su blockchain, in fase di consegna potrebbe rivelarsi un
maggiolino.

Questo perché ad essere trasmesso sul registro distribuito non è un oggetto
del mondo materiale ma una sua controparte digitale. Qualcuno dovrà pur
creare questo oggetto digitale, no?

La blockchain usata per fini non monetari è dunque inutile?
No.
Esiste anche la possibilità di creare certificazioni oggettive se si utilizza la
proprietà della "timechain" di fissare un dato nel tempo per qualcosa che
effettivamente necessita di un cosiddetto timestamp; insomma, se la si
utilizza come **registro temporale.**

In questo caso la certificazione non è fornita dal dato inserito (parametro soggettivo) ma dal tempo in cui questo è stato immesso nella blockchain (parametro oggettivo).

Un esempio pratico

Soundreef è un gestore indipendente dei diritti d'autore (Independent Management Entity secondo la Direttiva UE 2014/26/UE) riconosciuta dall'Intellectual Property Office del Regno Unito [23], in concorrenza con la SIAE (Società Italiana degli Autori ed Editori) che in Italia, fino a poco fa, aveva il monopolio nella gestione e raccolta dei diritti d'autore.
Ebbene, da novembre 2018 Soundreef sfrutta la blockchain di Bitcoin per certificare la paternità dei brani composti dai suoi artisti.

Gli autori di Soundreef possono utilizzare il software proprietario per ottenere un certificato di proprietà digitale: a questo viene associato un **hash univoco** che viene inserito all'interno di una transazione Bitcoin, finendo così nella sua blockchain.

Qualora qualcuno dovesse eseguire un plagio, l'autore originale potrà dimostrare la proprietà del brano semplicemente recuperando il certificato che è stato marcato temporalmente.

Facciamo un esempio specifico.

Sono un autore e ho a disposizione il file (il certificato digitale) della mia opera datato 1 novembre 2019 e l'hash associato inserito nella blockchain la stessa data. Se qualcuno registrasse un plagio, questo avrà data successiva alla mia coppia certificato digitale/hash su blockchain, perciò, in sede legale, sarà facile dimostrare la violazione della mia proprietà intellettuale.

La stessa cosa può avvenire nel caso di registrazione di brevetti, e in tutti quegli ambiti in cui a contare è chi registra per primo l'idea; in cui serve perciò un "registratore" o "marcatore temporale".
Non è necessario usare un software proprietario, come nell'esempio di

Soundreef, ma basta creare un documento digitale nei cui metadati è presente la data di creazione, generare un hash univoco corrispondente a quel documento e scrivere questo hash nell'OP_RETURN di una transazione Bitcoin. Va da sé che è necessario conservare il file originale e l'hash corrispondente. In mancanza di uno dei due non potremmo rivendicare la nostra proprietà sul documento, o meglio, l'averlo creato e certificato in un preciso momento nel tempo.

Ad oggi, l'unica funzione della blockchain diversa dalle transazioni monetarie è la marcatura temporale di un dato digitale, o certificazione temporale.

Qualsiasi altro utilizzo è quantomeno non appropriato, se non addirittura truffaldino.

Il famoso "tracciamento della filiera produttiva" ricade in questi usi inappropriati e si presta bene alla truffa.

L'esempio della mela

Abbiamo un oggetto materiale NON unico, una mela, che viene "digitalizzato" da un addetto umano.

Un produttore italiano vende le sue mele coltivate nel rispetto delle normative Comunitarie a un grosso distributore internazionale.
Il distributore ha affari con tanti produttori e gestisce la vendita a centri commerciali sparsi per l'Europa e per il nord Africa. I prodotti provengono da tante zone diverse, alcune Comunitarie, altre no.

Il distributore però usa "la Blockchain"!

Il procedimento è relativamente semplice: degli addetti raccolgono le mele dai produttori e applicano sulle cassette un bollino sul quale è presente un QR code. Altri addetti creano degli oggetto digitali contenente le informazioni sulle mele raccolte: data del raccolto, provenienza, tipologia di mele, ecc. Il QR code collega queste mele agli oggetti digitali creati e questi vengono "inseriti" all'interno di una blockchain (i markettari direbbero "all'interno della Blockchain").

Se nel frattempo l'addetto umano ha sostituito le cassette di mele prodotte in Italia con degli esemplari prodotti in Marocco, andando a togliere il bollino dalle cassette di provenienza italiana e applicandolo su quelle marocchine, poco importa: quando ci presenteremo davanti al banco frutta del nostro supermercato di fiducia e con lo smartphone scansioneremo il QR code presente sopra la mela, saremo contenti, perché sapremo che la nostra mela è proprio quella prodotta e raccolta in Italia.

Evviva il tracciamento della filiera produttiva su blockchain!

Tengo a precisare di non aver nulla contro le mele del Marocco che potrebbero essere anche più buone di quelle italiane. Semplicemente non sono la stessa cosa e nell'esempio illustrato si realizza una frode alimentare.

Perché all'inizio dell'esempio ho specificato "oggetto NON unico"?

Perché in effetti questo è l'unico caso in cui la "trasformazione" di un oggetto materiale in oggetto digitale e conseguente tracciamento tramite una blockchain, potrebbe funzionare.

Se fosse possibile descrivere con dovizia di particolari le caratteristiche fisico-chimiche di un oggetto unico fino a realizzare una controparte digitale dello stesso, allora potremmo essere sicuri che l'oggetto che abbiamo davanti sia effettivamente l'esemplare tracciato utilizzando (anche) una blockchain. Ciò è però, ad oggi, una fantasia, poiché la "descrizione" dell'oggetto unico è suscettibile ad errore umano.
Prendiamo un dipinto di Leonardo: possiamo descriverne le caratteristiche che lo rendono unico con una precisione altissima. Possiamo prendere questi dati, associare loro un hash e mettere questo all'interno della blockchain di Bitcoin.
Se però la nostra analisi si rivelasse fallace e spuntasse fuori un falso che corrisponde alle caratteristiche espressi dalla nostra analisi, l'alter ego digitale

rappresenterebbe il dipinto sbagliato e il tracciamento andrebbe a farsi benedire.

Insomma, finché restiamo nel reame digitale e utilizziamo la blockchain di Bitcoin come marcatore temporale (ad esempio i certificati di proprietà associati a un hash) allora ne facciamo un uso alternativo ma utile, se invece ci spostiamo nel mondo reale, non possiamo fare altro che "tracciare" un oggetto digitale mentre quello reale potrebbe venir contraffatto o non risultare originale, nel caso di oggetti unici.

I detrattori di Bitcoin tendono a considerare i limiti intrinseci alla sua blockchain e la sua cattiva predisposizione a usi alternativi come la prova che Bitcoin rappresenti un cattivo sistema monetario.
Insomma, con l'oro puoi farci tante cose, con Bitcoin no!

Il fatto è che Bitcoin è stato realizzato con il preciso scopo di costituire un sistema monetario alternativo. Ha precise caratteristiche e funzioni.

Se poi con il tempo si troveranno funzionalità alternative al semplice scambio di valore tra pari senza terza parte affidabile, non è dato saperlo e non è neanche importante.

L'oro non deve il suo valore agli usi alternativi che se ne possono fare, ma alla sua scarsità che lo rende una buona riserva di valore; è stato per secoli un metallo prezioso, prima ancora di scoprire la sua conduttività elettrica e aprire il campo ai suoi tanti usi in ambito tecnico/scientifico.

Alcune popolazioni del Sud America, prima dell'arrivo dei conquistatori Europei, possedevano grandi riserve auree. L'oro veniva utilizzato principalmente come materiale ornamentale perché malleabile, resistente alla corrosione e soprattutto...brillante.
Presso queste popolazioni non aveva un valore monetario, semplicemente perché non era un bene scarso. Le società precolombiane davano all'oro un potere solo simbolico per lo più associato alle divinità del Sole e, al contrario degli europei, non lo concepivano come merce di scambio.

Si comprende dunque come il valore che si dà a un bene sia del tutto soggettivo ed estremamente correlato alla scarsità dello stesso.
Se l'oro non fosse un asset scarso i suoi utilizzi secondari rimarrebbero e forse aumenterebbero di numero, ma verrebbe meno la sua utilità come riserva di valore e mezzo monetario.

Fortunatamente Bitcoin è stato disegnato per rimanere scarso ed avere le caratteristiche di un mezzo monetario digitale.

Nota di Giacomo Zucco: "Ad oggi è in realtà possibile ottenere una certificazione di "data certa" ("timestamping") anche senza scrivere ALCUN dato aggiuntivo sulla time-chain di Bitcoin, ma manipolando i dati già immessi per una normale transazione. Per esempio questo è possibile con la tecnica detta "pay-to-contract" (in cui si manipola una chiave pubblica per inserire un commitment a un messaggio), o con quella detta "sign-to-contract" (in cui si manipola una firma). La prima tecnica costituisce il cuore di tutta la futura innovazione relativa a Taproot e simili, oltre ad essere quella che utilizziamo per il protocollo RGB. Entrambe le modalità possono essere utilizzate come alternativa "zero blockchain-footprint" al più tradizionale OP_RETURN, anche nel contesto della libreria OpenTimeStamps."

CHE COS'È UN NODO BITCOIN?

In informatica la parola nodo indica un qualsiasi hardware in grado di comunicare con gli altri dispositivi connessi alla rete.

In ambito Bitcoin le cose si fanno un pochino più complicato.

Gli utenti possono interagire con la rete Bitcoin e costituire ognuno un nodo andando a trasmettere informazioni relative alle transazioni, anche se con modalità differenti.

Esistono infatti diverse tipologie di nodi, nello specifico: **full node, miner node e client SPV** (anche se alcuni, me compreso, faticano a considerare nodi questi ultimi).

In origine full node e miner node coincidevano. Il minatore aveva bisogno di mantenere una copia dell'intera blockchain di Bitcoin per poter svolgere il suo lavoro e chi, invece, voleva solo verificare le transazioni, poteva agire sul suo nodo e disattivare il miner.

A coincidere non erano solo full node e miner node ma anche il concetto di nodo e wallet.

Se a questo punto del libro avete chiaro come si conservano e inviano bitcoin, saprete che per eseguire delle transazioni abbiamo bisogno di un portafoglio elettronico, in inglese wallet.

Il primo wallet in assoluto, che ancora oggi gira sulla maggior parte dei full node Bitcoin online è il Bitcoin Core wallet, anche detto Satoshi Wallet, perché sviluppato direttamente da Satoshi Nakamoto. Potete scaricarlo dal sito web bitcoin.org o dalla repository Github di Bitcoin.

Bitcoin Core è un software di tipo full node: per utilizzarlo appieno è necessario scaricare l'intera blockchain di Bitcoin, che attualmente pesa circa 250 GB. La blockchain può essere scaricata con modalità differenti: con il txindex disabilitato o abilitato (txindex=1), in modalità Pruned o con questa modalità disattivata.

Cosa significa?

In modalità Pruned, l'utente mantiene una versione più piccola della blockchain di Bitcoin. I dati più vecchi vengono eliminati (ad es. vecchie transazioni non direttamente collegate con i nostri indirizzi). Ciò significa che è possibile risparmiare molto spazio su disco: possiamo ad esempio decidere di conservare solamente 500 MB di dati invece degli oltre 250 GB richiesti dall'intera blockchain.

Se scarichiamo Bitcoin Core, non attiviamo la modalità Pruned e nel file di configurazione inseriamo il parametro txindex=1, invece, scaricheremo l'intera blockchain di Bitcoin più l'indice delle transazioni completo, ossia tutta la storia delle transazioni svolte dai membri della rete.

Tutte quante!

Scaricare tutta la blockchain di Bitcoin ci dà un'esperienza utente completa e perfettamente in linea con la filosofia alla base del protocollo: possibilità di verificare in modo totale e indipendente tutte le transazioni, senza dover riporre fiducia in un altro nodo o altro sistema di verifica, compresa la capacità di influire sul Consenso, perché potremmo rifiutare eventuali modifiche alle regole di Bitcoin semplicemente rifiutandoci di aggiornare il software a una versione che le contiene.

La verifica è utile, tra le altre cose, a evitare di accettare transazioni "doppie" (double spending) nel caso il sistema sia stato sottoposto a un double spending attack e dunque a un fork nascosto.

Per l'utente medio si può trattare di una precauzione eccessiva, ma vi permette di incidere attivamente sulle scelte del network.

Inoltre, per una società operante nel settore o per coloro che vogliono attivare un nodo Lightning network, è fondamentale avere nodi Bitcoin sempre aggiornati e contenenti la completa storia del network.

Esistono anche altre implementazioni full node, come ad esempio Bitcoin Knots, Libbitcoin o bitcoinj, proprio come esistono diversi software per la gestione di un'altra rete decentralizzata, utilizzata per condividere file anziché un registro di transazioni: la rete BitTorrent.

A garanzia della decentralizzazione del sistema e della sicurezza dello stesso si dovrebbe continuare a mantenere e sviluppare software full node differenti.

Come abbiamo visto, un full node può arrivare a pesare anche diversi GB, quindi era necessario sviluppare delle soluzioni che permettessero persino a chi ha delle risorse limitate, quali ad esempio bassa capacità di memoria sul PC o scarsa connessione Internet per il download dei blocchi, o a chi volesse usare dispositivi mobili, di poter gestire le transazioni Bitcoin in autonomia e senza "custodia" delle chiavi private da parte di terzi.

A questo scopo vennero sviluppati i wallet SPV (Simplified Payment Verification) detti anche lightweight clients.

CHE COS'È UN LIGHT WALLET?

A differenza di un full node che, come detto, scarica tutta la blockchain o quantomeno tutte le transazioni dei nostri indirizzi e le tiene in memoria, un client SPV scarica solamente le intestazioni (gli header) dei blocchi, non la parte di dati che riguarda le transazioni.

Vi illustro brevemente qui la struttura del blocco, invitando chiunque fosse interessato ad approfondire, a leggere Mastering Bitcoin di Antonopoulos.

Se trovate il testo troppo complicato potete tranquillamente saltarlo e ritornarci più avanti, quando vi sentirete pronti.

Un blocco è diviso in quattro grandi sezioni: **Block Size, Block Header** (le intestazioni), **Transaction Counter** e **Transactions** (le transazioni).

Per il momento vi basti sapere che il "peso" del blocco sulla blockchain è principalmente dovuto alle transazioni e, in misura nettamente minore, al Block Header. Transaction Counter e Block Size occupano insieme dai 5 ai 15 byte, una cifra trascurabile.

Considerando che mediamente in un blocco ci sono circa 1500 transazioni [24] il cui peso è di circa 500 byte ciascuna, mentre l'intestazione del blocco occupa circa 80 byte, se ne deduce che, evitando di scaricare le transazioni, si ha un risparmi di spazio considerevole, minore di circa 1000 volte!

Quando ne ha bisogno, il client SPV verifica le transazioni appoggiandosi a dei full node. Abbiamo detto che il risparmio in termini di spazio è considerevole, ma questo minor consumo di risorse comporta anche una problematica: il wallet SPV deve infatti "fidarsi" di un nodo esterno, sperando che il nodo sia aggiornato e che rispetti le regole condivise dal network. Il wallet SPV non può verificare in autonomia tutte le transazioni e di conseguenza non può verificare che una transazione Bitcoin non sia stata effettuata due volte dallo stesso indirizzo.

So di spaventarvi un po', ma è necessario capire che, quando si muovono grosse cifre, sarebbe meglio farlo tramite un proprio full node, mentre per piccole cifre possiamo tollerare il rischio e affidarci a un light wallet.

Per questo motivo la tipologia di wallet più diffusa al giorno d'oggi è proprio quella SPV, complice anche il crescente utilizzo di smartphone per gestire le transazioni Bitcoin quotidiane.

Esistono tanti wallet SPV, più o meno completi, in un numero decisamente superiore a quelli full node.

Ne elencherò qualcuno ma questo elenco è del tutto incompleto e non considera gli hardware wallet.

Desktop Wallet

- **Electrum**: il più noto client desktop SPV. Recentemente una versione malware di Electrum ha spinto degli utenti a esporre le loro chiavi private, quindi scaricate il wallet sempre da fonti attendibili (il sito web di Electrum) e diffidate delle imitazioni.

- **Wasabi**: client sviluppato al fine di incrementare sostanzialmente la privacy delle transazioni e quindi la fungibilità di bitcoin. Wasabi wallet utilizza una tecnica chiamata CoinJoin, che combina tante transazioni provenienti da indirizzi differenti in un'unica grande transazione, e questo rende estremamente difficile collegare i mittenti ai destinatari.

Mobile Wallet

- **Edge Wallet**: multicurrency wallet open source prodotto da Airbitz Inc. Collaboro attivamente con questa azienda, quindi, in pieno conflitto d'interessi, lo consiglio vivamente. Scherzi a parte, è anch'esso un wallet non-custodial, permette dunque di esportare ma anche importare le chiavi private, e queste non vengono gestite e neanche viste da Edge (zero knowledge system). Con Edge è anche possibile impostare dei nodi Bitcoin personalizzati, che verranno usati dall'applicazione per il download degli Header. Potete anche usare il nodo che avete sul vostro PC.

- **Samurai Wallet**: mobile wallet privacy oriented per Bitcoin, con una funzione molto interessante: la possibilità di inviare bitcoin offline, utilizzando un sistema open source di incapsulamento delle transazioni all'interno degli sms e dei messaggi inviati sulla rete mesh di txTenna. Anche Samurai ha un suo sistema di mixing delle transazioni, al fine di aumentare la privacy degli utenti.

CHE COS'È UN HARDWARE WALLET? E UN PAPER WALLET?

Iniziamo dal **paper wallet**.

Abbiamo detto che un portafoglio Bitcoin è composto da due serie di numeri: un indirizzo pubblico e la chiave privata, con la quale si firmano le transazioni e si mettono in movimento i fondi.

I bitcoin ricevuti non risiedono fisicamente nel vostro portafoglio elettronico (la vostra app sul telefono o il vostro software desktop), né in nessun altro luogo.

Semplicemente sulla blockchain viene tenuta traccia dei vari proprietari, ossia gli indirizzi pubblici ai quali sono stati inviati i bitcoin che girano nel sistema.

Se ne deduce quindi che, finché saremo in possesso della chiave privata associata a un indirizzo su cui abbiamo ricevuto dei bitcoin, potremmo disporne ovunque ci troviamo e con qualunque applicazione che ci permetta l'importazione delle chiavi.

Se l'app che utilizziamo ci permette di esportare chiavi private, possiamo fare un backup delle stesse semplicemente scrivendole su un foglio di carta.

Se invece l'applicazione non ci permette di esportarle, beh, cambiamo app.

Un paper wallet è semplicemente questo: un foglio di carta o altro supporto sul quale abbiamo scritto le nostre chiavi private.
Dovremo custodirlo con cura, lontano da sguardi indiscreti, perché quel foglio contiene la nostra ricchezza.

Hardware wallet

Un hardware wallet è, come lascia intendere il nome, un dispositivo che possiamo utilizzare in coppia con un software compatibile per confermare le nostre transazioni.

Il dispositivo contiene le chiavi private dei nostri portafogli Bitcoin: quando dobbiamo eseguire una transazione questa viene firmata tramite il nostro hardware wallet e la chiave privata non viene mai esposta in chiaro.

Se utilizziamo un hardware wallet, però, dobbiamo essere consapevoli che questo strumento è solo una protezione aggiuntiva al nostro paper wallet.

Infatti, durante la configurazione del dispositivo, dovremo memorizzare su un foglio di carta una serie di parole chiamate seed. Questi seed compongono la nostra chiave privata principale, quindi se li perderemo non avremo più accesso ai nostri bitcoin in caso di rottura dell'hardware wallet. Come per il paper wallet, è bene tenere questo foglio al sicuro!

Gli hardware wallet più noti in commercio sono attualmente prodotti da Trezor e Ledger. Tra le due aziende mi sento di consigliare i dispositivi prodotti da Trezor, perché possiedono un software interamente open source; ciò dà la possibilità di controllare che non ci siano backdoor nel sistema di gestione delle chiavi private.
Ledger utilizza sistemi di sicurezza di livello bancario, che neutralizza efficacemente alcuni attacchi fisici contro i quali Trezor non può difendersi efficacemente, ma al costo di avere una parte importante di codice closed, ossia non verificabile da sviluppatori indipendenti e dunque potenzialmente esposta a backdoor.

Oltre ai due hardware wallet citati, va considerato anche Coldcard, proposta hardware molto interessante che, oltre a integrare un chip dedicato per la conservazione della private key, fornisce all'utente un "duress PIN code", ossia un codice di sicurezza utile in caso di attacchi fisici: qualora inserito, il portafoglio non darà l'accesso ai fondi dell'utente, ma a un altro wallet, sul quale il proprietario potrebbe aver caricato solo pochi satoshi. L'attaccante non avrebbe accesso dunque al wallet principale.

Un'altra interessante funzione di Coldcard è il cosidetto "Brick Me" PIN, che invece, utilizzato in casi estremi, distrugge completamente la private key e rende il portafoglio del tutto inutile.

CHI STABILISCE IL VALORE DI 1 BITCOIN?

Il valore del singolo bitcoin viene stabilito, come per il mercato classico, da noi che acquistiamo e vendiamo: si può dire dunque che **il valore è dato dall'incontro tra la domanda e l'offerta**. Nessuno Stato o banca può stabilirne o garantirne il valore.

Pensate alle aste: ogni giorno nel mondo se ne svolgono milioni. Le più disparate categorie di oggetti possono essere messe in vendita in queste aste, ma sono tipicamente beni scarsi.

Ebbene, come si fa a stabilire il prezzo di uno di questi oggetti?

Lo si può stimare e fornire delle basi d'asta, ma il vero valore verrà stabilito delle offerte avanzate dal pubblico.

Per l'asset bitcoin le cose funzionano in modo analogo.

I luoghi deputati allo svolgimento di queste aste sono tipicamente gli exchange online ma possono essere anche degli spazi fisici in cui si incontrano venditori e compratori. Chi vende bitcoin tipicamente propone un prezzo cercando di realizzare il più alto profitto possibile, ossia vendere a un prezzo maggiore di quello pagato in fase di acquisto, mentre chi acquista avanza un'offerta cercando di ottenere il prezzo più vantaggioso.

Quando domanda e offerta si incontrano nasce il prezzo istantaneo di bitcoin.

Esistono dei luoghi in cui si raccolgono questi prezzi istantanei e si fa la media ottenendo il prezzo medio di bitcoin. Il più noto è *CoinMarketCap*, sito che raccoglie il prezzo del singolo bitcoin e di tante altre criptovalute, ma anche i marketcap, i volumi giornalieri, la circulating supply e altre informazioni utili.

Ricordatevi che, come regola generale, se i volumi sono ridotti, così come i luoghi deputati allo scambio, le variazioni di prezzo saranno maggiori.

La volatilità tende a diminuire quando i volumi aumentano.

Per questo motivo il valore del singolo bitcoin può subire variazioni molto importanti e l'asset va per il momento considerato ad alto rischio.

Per comprendere meglio il concetto di volatilità e come questa possa essere usata a nostro vantaggio, ti invito a leggere il capitolo *Perché dovrei convertire i miei risparmi in qualcosa di così volatile?*

POSSIAMO CAMBIARE LA POLITICA ECONOMICA DI BITCOIN?

Nel capitolo dedicato alle criticità del sistema monetario attuale abbiamo accennato alla politica economica alla base di Bitcoin, completamente differente rispetto a quella del sistema attuale, chiamato fiat system (vedi glossario), e simile invece a quella del Gold Standard perché basata anch'essa sulla scarsità, anche se digitale.

Nella tabella seguente possiamo osservare le principali differenze tra il sistema attuale (fiat) e Bitcoin.

Main features	FIAT SYSTEM	BITCOIN SYSTEM
MONEY TYPE	From 10 to 20% in paper cash Majority digital	100% digital cash No fractional reserve
SCARCITY	Unlimited supply Subject to quantitative easing	Limited (capped) supply to 2.1×10^{15} base units
INFLATION	Theoretically infinite 2% as ideal annual target	Predictable, finite 3.73% today (2019), 1.88% from 2020. Halved every four years
DURABILITY	Paper cash can be lost, destroyed, stolen. Digital money subject to hacking and seizure	Private key can be lost. Digital cash is unseizable, unhackable, undestroyable
ISSUE	Issued by the government and central bank system	Issued by the software according to the fixed rules of the network
CONTROL TYPE	Centralized Controlled by political authorities	Decentralized Controlled by no one Verified by the nodes
ADOPTION	Imposed by force, by law and/or military power	Adoption on a voluntary basis
COUNTERFEIT	Cash subject to counterfeit, digital money difficult to counterfeit but subject to attacks	Impossible to counterfeit a private key
FUNGIBILITY	High fungibility with cash Low fungibility with digital money, subject to seizure	Medium fungibility on blockchain High fungibility with satoshi on second layers
DIVISIBILITY	Low, usually two decimal places	High, eight decimal places on the blockchain, even higher on second layers

MONEY TYPE: indica la forma nella quale il denaro si presenta. Nel sistema
fiat, dal 10 al 20% del denaro è sotto forma di banconote o monete di metallo,
il restante è digitale.

Le banche centrali possono fare riserva frazionaria. Se questa riserva è
limitata al 10%, significa che su 1,000 USD depositati, solo 100 saranno

disponibili sotto forma di carta per eventuali prelievi. Se riprendiamo l'esempio del capital control avvenuto in Grecia nel 2015, vediamo come questa riserva frazionaria si sia manifestata in momenti di mancanza di liquidità del sistema bancario: i turisti venivano avvisati preventivamente di partire con sufficiente denaro contante onde evitare di rimanere senza soldi. Bitcoin è al 100% digitale e non può essere creato più denaro di quello messo in circolazione dal software.

SCARCITY: l'emissione di valuta è illimitata per il sistema fiat (soggetto a quantitative easing), mentre è limitata a 2,1 x10^15 unità di base per Bitcoin, ulteriormente frazionabili verso il basso.

INFLATION: l'inflazione nel sistema fiat è teoricamente infinita ma come riferimento ideale ha il 2% annuo. L'inflazione di Bitcoin è prevedibile e finita. Dal 3.73% di oggi (2019), si passerà al 1.88% dal 2020. L'inflazione si dimezza ogni quattro anni e diverrà deflazione dal 2140.

DURABILITY: la durabilità delle banconote è limitata: possono essere perse, distrutte o rubate. Il denaro digitale del sistema fiat è soggetto a hackeraggio e sequestro. Nel sistema Bitcoin possono essere perse le chiavi private, non le monete. Il sistema è stato creato al fine di essere non censurabile, non sequestrabile, non distruttibile.

ISSUE: il denaro fiat viene immesso in circolazione dai governi e dalle banche centrali. I bitcoin vengono rilasciati dal software secondo le regole del network.

CONTROL TYPE: nel sistema fiat il controllo sul denaro è centralizzato e di natura politica, in Bitcoin è decentralizzato e nessuno ha controllo diretto sull'immissione o sulle transazioni. I blocchi di transazioni vengono verificati dai nodi del sistema.

ADOPTION: nel sistema fiat l'adozione è imposta con la forza per mezzo della legge e/o del potere militare. In Bitcoin l'adozione è su base volontaria; nessuno può obbligarti ad accettare bitcoin e nessuno può impedirtelo.

COUNTERFEIT: il contante è soggetto a contraffazione, il denaro fiat digitale è difficile da falsificare ma è soggetto ad attacchi di terze parti. In Bitcoin è praticamente impossibile scoprire una chiave privata tramite attacchi di terze parti e i singoli bitcoin non possono venir contraffatti.

FUNGIBILITY: la fungibilità del contante è alta (eccetto le banconote "segnate"), pessima nel sistema fiat cashless. In Bitcoin la fungibilità è buona su blockchain, ottima su second layer.

DIVISIBILITY: la divisibilità nel sistema fiat è bassa, tipicamente limitata a due cifre decimali. In Bitcoin è alta, pari a otto cifre decimali. Su second layer è possibile utilizzare cifre più piccole del satoshi.

La politica economica di Bitcoin è stata ben definita in fase di realizzazione del sistema. Il fatto di aver impostato il network in questo modo, prima ancora di partire con il suo Genesis Block, fa sì che questa politica economica ne costituisca le fondamenta. Non può essere cambiata, pena la caduta dell'intero palazzo.

Dunque le regole economiche di Bitcoin non sono modificabili?

L'unica parte del codice apparentemente non modificabile è appunto quella relativa alla politica economica di Bitcoin. Immaginiamo il codice di Bitcoin come la Costituzione Italiana. La prima parte, i Diritti Fondamentali, non è tecnicamente modificabile a meno che non si faccia una guerra civile.

In Bitcoin, "guerra civile" significa hard fork, un termine informatico che sta a indicare la biforcazione del codice open source ad opera di uno o più sviluppatori che rende la nuova versione non compatibile con la precedente (vedi *Che cos'è un fork?*).

Quindi, riprendendo la domanda, no, le regole economiche di Bitcoin sono modificabili, ma solo raggiungendo il Consenso (Consensus hard fork)

oppure effettuando un hard fork del codice senza Consenso ma con
conseguente realizzazione di un'altra catena con altre regole e monete.

Previsione azzardata?
Questo fork fallirà.

Perché?
Se vi dicessi che un domani potrete avere un sistema monetario con più
bitcoin rispetto a quelli che può avere ora ma che il valore del singolo bitcoin
scenderà drasticamente, voi appoggereste la modifica alla politica
economica? Io no, perché non voglio che il mio potere d'acquisto diminuisca
con il tempo.

Il mio nodo fornirà supporto all'unica catena la cui politica economica non è
cambiata.

Chiarisco questo punto con un esempio.

Fingiamo per un attimo che io abbia 0.1 BTC, ossia 10 milioni di satoshi -
cosa impossibile, perché tutti i miei satoshi sono andati perduti in un
incidente in mare - e che sia presente il limite di 21 milioni di bitcoin come
total supply.

Viene proposta una modifica al protocollo di Bitcoin che prevede di alzare il
limite a 21 miliardi.

I miei 0.1 bitcoin rimarranno gli stessi ma ora verrebbero messi in
circolazione 1000 volte più bitcoin di prima. Il mio potere d'acquisto
andrebbe inesorabilmente a scendere nel tempo.

Addirittura, se questi 21 miliardi di bitcoin venissero "coniati" nello stesso
timeframe previsto dall'attuale protocollo, ossia aggiungendo 3 zeri anche
nella quantità di bitcoin rilasciati ai minatori e terminando nel 2140, il mio
potere d'acquisto verrebbe praticamente spazzato via dal giorno alla notte.

Il mio nodo si opporrebbe a questa proposta.

Come?

Semplice! Non installando il nuovo software che contiene le nuove regole di emissione e la nuova total supply.

LO SPETTRO DELLA DISUGUAGLIANZA IN BITCOIN

Alcuni economisti lamentano la possibilità che un sistema monetario con una quantità fissa di unità di valore (fixed supply) sia pericolosa perché l'individuo tenderebbe al risparmio, e questo farebbe aumentare il suo potere d'acquisto nel tempo. Il sistema dunque faciliterebbe a una certa disuguaglianza perché chi è "entrato prima", ha avuto la possibilità di farlo pagando un prezzo minore e ha potuto risparmiare per più tempo, rispetto a chi è entrato dopo.

Al contrario, una politica monetaria basata su un'emissione di unità di valore illimitata nel tempo ridurrebbe la tendenza al risparmio, perché le singole unità tendono a perdere valore nel tempo così come il potere d'acquisto di chi le tiene ferme credendo di risparmiare. La riduzione del risparmio, unito alla variazione di offerta monetaria (inflazione), che secondo alcuni cambia solo in funzione di modifiche nella produzione e nella popolazione, porterebbe a un sistema più equo.

Il concetto è interessante e merita di essere approfondito.

Con delle precisazioni però.

Innanzitutto l'emissione di bitcoin è limitata (**capped**), non semplicemente fissa (fixed).

Questi due termini potrebbero sembrare sinonimi ma non è così: il concetto di fixed supply lascia intendere che le unità siano limitate ma anche non frazionabili e che siano già tutte in circolazione. Abbiamo visto che invece l'emissione avviene in modo costante nel tempo ma dimezza ogni quattro anni (vedi halving). Vedremo nel capitolo seguente che, anche sulla frazionabilità di bitcoin, le cose non stanno così: possiamo disporre di quante unità vogliamo semplicemente frazionando BTC, senza variare la quantità totale di bitcoin in circolazione (capped supply).

Inoltre, se consideriamo il sistema monetario attuale, vediamo che la creazione di denaro illimitato consente a coloro vicini agli organi di emissione, per lobbing o affini intenti politici, di beneficiarvi ingiustamente - qui sì in modo disuguale.

Questa disuguaglianza si alimenta anche dei prestiti alle imprese e, indirettamente, ai cittadini, rilasciati dalle banche. [25]

Secondo l'economista tedesco prof. Richard A.Werner:

"La creazione di credito da parte delle banche non fa sì che il denaro già esistente converga su nuovi utilizzi.
Si genera denaro che prima non esisteva e lo si indirizza a qualche nuovo scopo. Ciò che rende questa "contabilità creativa" possibile è la funzione delle banche come sistema alla base di tutte le transazioni non in contanti (cashless) che avvengono nell'economia.
Dal momento che le banche lavorano come "registratori contabili" - mentre il resto del sistema economico suppone che loro siano contabili onesti - è possibile per loro aumentare il denaro nei conti di alcuni di noi (ad es. coloro che ricevono un prestito) semplicemente alterando le cifre.
Nessuno altro lo noterà, perché gli operatori (o controllori) non possono distinguere tra il denaro che è stato effettivamente risparmiato e depositato, e il denaro che è stato creato "dal nulla" dalla banca."

È interessante anche leggere la chiusura finale del documento *How do banks create money, and why can other firms not do the same? An explanation for the coexistence of lending and deposit-taking* del prof. Werner:

"In questo documento è emerso che le banche combinano operazioni effettivamente molto diverse, vale a dire l'assunzione di depositi e la concessione di prestiti, sotto lo stesso tetto, perché in questo modo possono inventare nuovi soldi sotto forma di fittizi "depositi dei clienti", quando

pretendono di impegnarsi nell'atto del "prestito".
È stato riscontrato che la caratteristica distintiva delle banche è che sono esenti dalle Regole sul Denaro del Cliente (Client Money Rules [26]), che impediscono ad altre imprese di creare denaro allo stesso modo. Si è riscontrato che, in pratica, solo le banche possono emettere denaro in questo modo. (...)"

Un altro punto da considerare è che coloro che sostengono con convinzione il fatto che una capped supply comporti disuguaglianza, spesso cadano in una "trappola logica" o falso sillogismo.

Riprendiamo l'ipotesi espressa all'inizio e ampliamola:

"Io entro prima nel sistema, spendo di meno per acquistare le singole unità di valore quindi posso comprarne di più e ho più tempo per risparmiare.
Ne consegue che chi verrà dopo potrà acquistare meno unità perché spenderà di più e io potrò dunque fare da padrone e dettare la linea del sistema economico grazie al mio "ingiusto" e strabiliante potere d'acquisto."

Insomma, si presenterebbe una situazione feudale.

Il ragionamento parrebbe logico ma è fallace su più punti.

Prima di tutto presupporrebbe un sistema chiuso, in cui le risorse sono ben storate e conservate e vi è un coordinamento tra i grandi "capitalisti" atto a controllare il potere d'acquisto degli individui.

Come dire: *"noi che abbiamo tanti soldi, mettiamoci d'accordo affinché il prezzo del nostro bene prezioso continui ad aumentare artificialmente e nuovi individui vengano attratti nel sistema. Questi però dovranno accontentarsi delle briciole!".*

In realtà il sistema monetario è aperto e soggetto a libero mercato.

Certo esistono ricchi attori (**whales**, balene) in grado di influenzare l'andamento del mercato (il prezzo), ma non di coordinare un sistema di controllo globale degno della più bieca teoria del complotto. È più facile che ciò avvenga nel sistema attuale, dove il potere di emissione di nuove valute è

nelle mani di poche banche centrali e dove la creazione di denaro e il
controllo diretto sui grandi capitali coincidono.

**Fortunatamente in Bitcoin coloro che possiedono grandi quantità di asset
non possono tecnicamente influenzare la politica monetaria perché
sarebbero costretti anche a controllare la maggioranza dei nodi del
sistema.**

In secondo luogo presupporrebbe che gran parte di coloro che per primi
sono entrati nel sistema sapessero già che il prezzo del singolo bitcoin
avrebbe raggiunto i livelli odierni e che quindi non avessero speso nulla per
potersi garantire uno smisurato potere d'acquisto nel futuro. Insomma,
sarebbero dovuti tutti quanti essere degli "**Hodler**", degli assidui
risparmiatori.

I wish I had kept my 1,700 BTC @ $0.06 instead of
selling them at $0.30, now that they're $8.00! #bitcoin

Traduci il Tweet
12:57 AM · 17 mag 2011 · Twitter Web Client

*"Vorrei aver tenuto i miei 1.700 BTC comprati a $ 0,06 invece di venderli a $
0,30, ora che sono a $ 8,00!"*

Ma sappiamo che, in un libero mercato, gli individui comprano e vendono
cercando di trarre il più alto profitto. Tanti hanno da subito usato Bitcoin
come sistema monetario per l'acquisto di beni anche deperibili; bitcoin
costava poco, aveva transazioni veloci e praticamente gratuite. Quanti hanno
acquistato o addirittura minato tanti bitcoin agli albori e ora rimangono con
pochi BTC in tasca?

Nel 2010, un anno dopo l'avvio del network Bitcoin, il singolo bitcoin
faticava a trovare un valore monetario.

Era estremamente difficile trovare qualcuno disposto a vendere un bene o un servizio e avere in cambio quelli che all'epoca sembravano solo dei soldi del monopoli che chiunque, con un semplice computer domestico, poteva produrre.

Il 18 maggio 2010, sul forum BitcoinTalk [27], un utente chiamato laszlo (Laszlo Hanyecz) inviò una curiosa richiesta alla community:

"Pagherò 10.000 bitcoin per un paio di pizze .. forse 2 grandi, così me ne rimane un po' per il giorno successivo. Mi piace avanzare della pizza per sgranocchiarla successivamente. Puoi preparare tu stesso la pizza e portarla a casa mia o ordinarla con consegna a domicilio, ma quello a cui miro è ottenere del cibo consegnato in cambio di bitcoin e non doverlo ordinare o prepararlo da solo, un po' come se ordinassi una colazione in camera in hotel o qualcosa del genere; ti portano qualcosa da mangiare e sei felice!

Mi piacciono cose come cipolle, peperoni, salsicce, funghi, pomodori, salame, ecc. Solo roba standard niente strane guarnizioni di pesce o qualcosa del genere. Mi piacciono anche le normali pizze al formaggio che possono essere più economiche da preparare o acquistare.

Se sei interessato, fammelo sapere e possiamo trovare un accordo.

Grazie,
Laszlo"

Il 22 maggio Laszlo comunicò di aver effettuato con successo lo scambio con l'utente jercos (Jeremy Sturdivant):

"Voglio solo segnalare che ho scambiato con successo 10.000 bitcoin per le pizze."

Ebbene, quella costosa transazione [28] - jercos spese circa 40 dollari per due pizze che in Italia sarebbero probabilmente costate meno di 20 euro - si rivelò decisamente più salata per Laszlo, perché ad oggi quei 10 mila bitcoin avrebbero un controvalore di circa 100 milioni di dollari!

L'utente jercos molto probabilmente spese quei bitcoin anziché conservarli; il saldo finale dell'indirizzo da lui utilizzato a ottobre 2018 era di 0.00111111 BTC.

Potrebbe averli trasferiti in un portafoglio messo al sicuro in un posto segreto ma è decisamente più probabile che avesse utilizzato questi fondi per altre transazioni in un momento in cui il prezzo del singolo bitcoin era decisamente minore di quello attuale.

La fallacia del ragionamento dei sostenitori dell'attuale sistema monetario o della sua caratteristica di supply adattiva e infinita applicata anche ad altri sistemi (persino quelli "crypto-related" come Ethereum), sta appunto nel considerare tutti i pionieri dei risparmiatori indefessi, con capacità predittive non umane e con un canale di comunicazione segreto utilizzato per comunicare e orientare il mercato secondo la loro volontà.

Bitcoin è un sistema tanto fluido e "vivente" quanto il sistema classico: la differenza sta nella tendenza al risparmio che una moneta sonante come quella di Bitcoin (**sound money**) comporta, rispetto alla tendenza alla spesa incentivata dal sistema fiat (**easy money**). Per il resto, chi possiede bitcoin spende, guadagna, vive o sopravvive, come tutti i membri della società e dunque, eccetto rari casi, rimette in circolo i suoi satoshi.

IL "PERICOLO" DELLA DEFLAZIONE IN BITCOIN

C'è chi è spaventato dalla riduzione dell'inflazione, che diverrà reale deflazione dal 2140 circa, perché storicamente i periodi di inflazione prossima allo zero corrispondono a stagnazione dell'economia, ma ci sono dei punti su cui riflettere:

- **Non vivrete fino al 2140.**
- **La riduzione dell'inflazione è un problema per il sistema attuale**, basato su valute fiat e non su asset scarsi.
- **bitcoin è frazionabile.**

Se per i primi due punti potreste fornire della argomentazioni importanti quali ad es.: *"Io vivrò per sempre"*, *"mi preoccupo per i miei discendenti"*, *"la deflazione era un problema anche durante il Gold Standard"*, ecc. sul terzo punto non posso essere smentito.

1 bitcoin è frazionabile e la sua unità di base è il satoshi, dal nome del suo ideatore. 1 bitcoin = 100 milioni di satoshi.

Se consideriamo quella che in genere viene definita M0 (Money Supply di tipo 0), ossia l'insieme della moneta che include tutto il denaro fisico come monete di metallo e valute, depositi e altre attività liquide detenute dalle banche centrali [29], e prendiamo in considerazione il Dollaro Americano, la moneta più diffusa sul pianeta e adottata come standard monetario globale, scopriamo che la quantità di denaro di questo tipo in circolazione è di circa 1,5 trilioni di dollari, ossia 1 miliardo e cinquecento milioni di miliardi, per chi non è solito utilizzare questa unità di misura. [30]

Fanno, in numeri, 1,500,000,000,000,000,000 di dollari o $1,5 \times 10^{18}$ se preferite ragionare in potenza.

Di contro, le unità presenti in Bitcoin, senza considerare la possibilità di frazionare ancora di più le unità del sistema, saranno in totale 21 000 000 di bitcoin ossia 2,100,000,000,000,000 (2 milioni e centomila miliardi) di satoshi o 2,1 x 10^15 sat.

A loro volta, in caso di necessità, queste unità potranno essere frazionate ancora di più, non andando ad aumentare la quantità di valore totale presente nel sistema ma suddividendo ulteriormente le unità.

Un esempio chiarificatore.

Ipotizziamo che un domani il prezzo del singolo satoshi sarà di 1 USD.

Siccome attualmente il sistema non permette di spostare via blockchain unità più piccole del satoshi, si rischierebbe, in questo scenario, di non poter effettuare transazioni inferiori al singolo dollaro. Se volessimo comprare un bene dal costo di 0,50 USD non potremmo farlo.

Fortunatamente Bitcoin è digitale e in informatica si possono realizzare "miracoli". Su blockchain non si potranno avere più di 21 milioni per 10^8 unità di valore senza ricorrere a un fork, ma su un secondo livello (second layer) di trasmissione questi limiti non esistono: è già possibile usare delle unità più piccole utilizzando Lightning Network, senza toccare il protocollo di base.

Potremo dunque transare ad esesempio 0,5 satoshi per acquistare un bene dal valore di 0,5 USD.

Grazie a questo frazionamento dopo la virgola, non si rischierà di avere mancanza di liquidità né sarà necessario aumentare il limite dei 21 milioni di bitcoin in circolazione.

Ci saranno unità di valore per tutti.

Qualora necessiteremo di nuove unità, perché le fondamentali saranno diventate troppo scarse, potremmo adottare i sub-satoshi.

Sarà dunque possibile frazionare ancora di più bitcoin senza dover toccare il protocollo di base (BP) ma solo agendo sui "pacchetti di unità di valore" trasferiti attraverso i canali su Lightning Network.

La circolazione di nuove unità di valore sarà dunque un dato di fatto e sarà possibile senza generare nuova moneta dal nulla.

Nell'immagine:

per aumentare la liquidità, nel sistema fiat cash vengono immesse nuove banconote e creati nuovi tagli per sopperire all'eccesso di carta a disposizione.
In quello fiat cashless, viene "stampato" nuovo denaro *out of the thin air* ed eventualmente modificata l'unità di base per semplificare l'utilizzo da parte del consumatore.

La liquidità tende ad aumentare per influenza diretta del sistema bancario centrale sulla politica monetaria.
La supply tende a infinito: maggiore è l'inflazione (tendente a

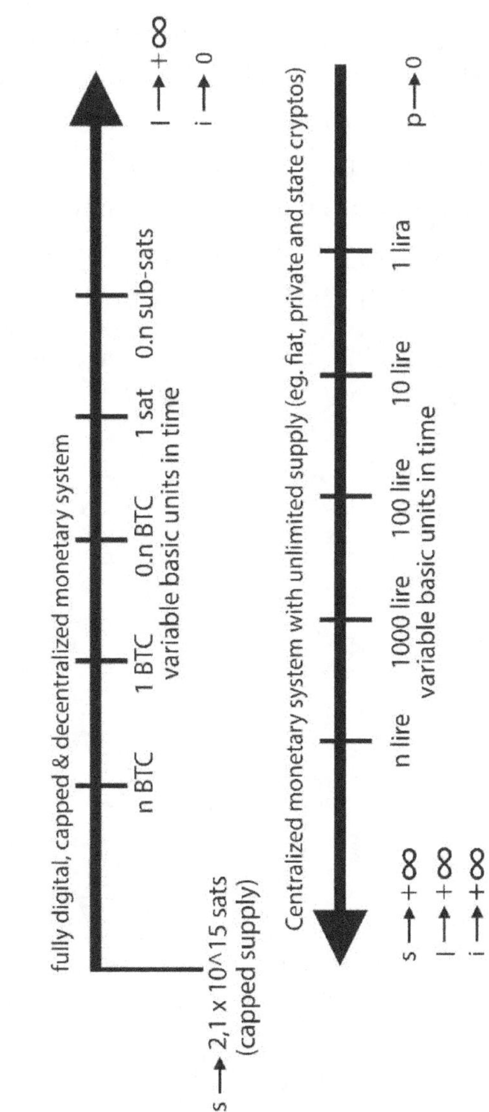

infinito, dall'inizio del sistema), maggiore è la supply.

Il potere d'acquisto diminuisce all'aumentare dell'inflazione e dunque della supply.

La deflazione è da evitare.

Nell'esempio, la moneta italiana Lira, attiva dall'unità nazionale del 1861 fino al 2002.

Da un'unità di base iniziale di 1 lira, con frazioni chiamate centesimi, si passò poi a tagli superiori, come la moneta da 100 lire, e si finì alla banconota da 1000 lire che scese di valore fino a raggiungere, nel 1999, la parità con il Dollaro. Tagli maggiori furono necessari per sopperire all'aumento del costo della vita: la banconota più grande fu quella da 500,000 lire. È consuetudine pensare che a un aumento della quantità di denaro presente in un sistema, aumenti anche la moneta a disposizione del singolo individuo perché si ricalcolerebbero anche gli stipendi.

In realtà non è così e questi grafici, basati sul Dollaro, ce ne danno dimostrazione.

Growth in productivity and hourly compensation since 1948

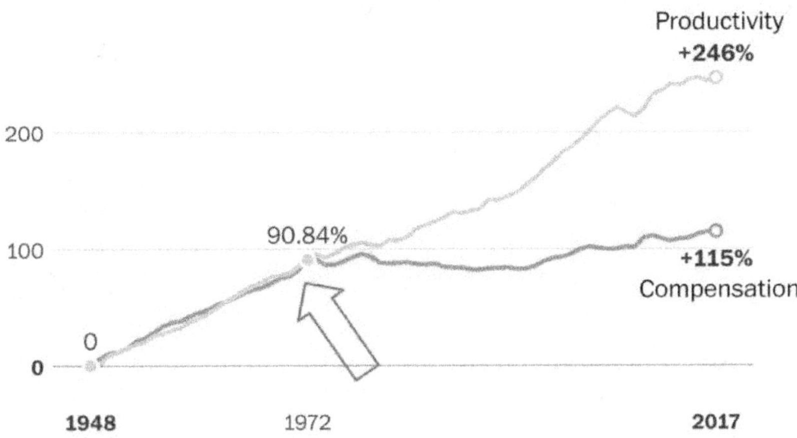

Note: Compensation includes wages and benefits for production and non-supervisory workers

Source: Economic Policy Institute

Real GDP, Real Wages and Trade Policies in the U.S. (1947–2014)
Index (1947=100)

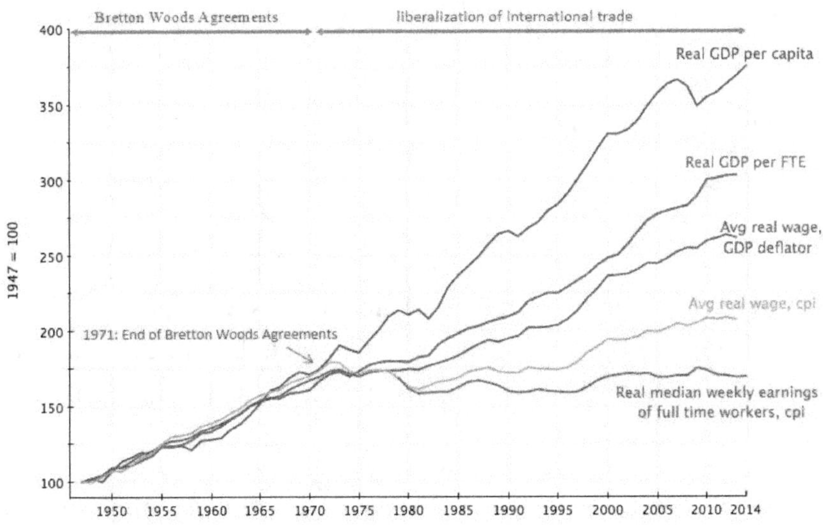

Note: FTE= Full time equivalent worker

Sources: Bureau of Economic Analysis (BEA), Bureau of Labor Statistics (BLS)

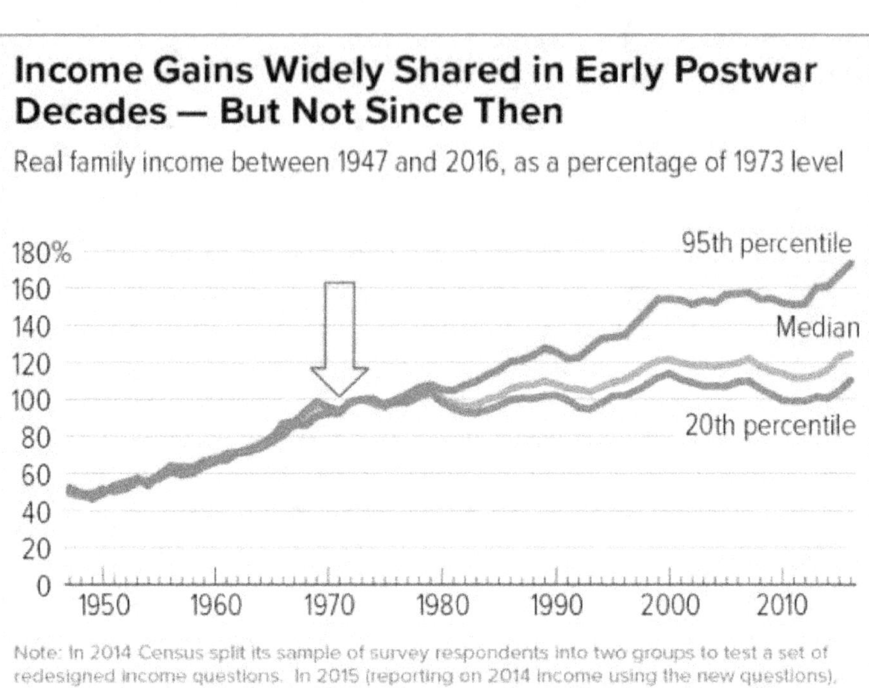

Fonte: *wtfhappenedin1971.com*

Dopo la fine del Gold Standard (1971), all'aumento della produttività e del prodotto interno lordo globale (RDP, Real gross domestic product) non corrispose un aumento proporzionale dei salari reali (adeguati all'inflazione), mentre precedentemente questi indici proseguivano sostanzialmente in modo lineare e proporzionale.

In Bitcoin, per aumentare la liquidità non si può stampare più moneta del cap (21 milioni di bitcoin) e ampliare la supply.

Il sistema è totalmente digitale, quindi, in mancanza di liquidità, questa può essere raggiunta con il frazionamento.

L'unità di base viene modificata verso il basso per semplificare l'utilizzo da parte dell'utente. Il potere d'acquisto aumenta mentre l'inflazione tende a zero.

La deflazione smette di essere un parametro preso in considerazione.

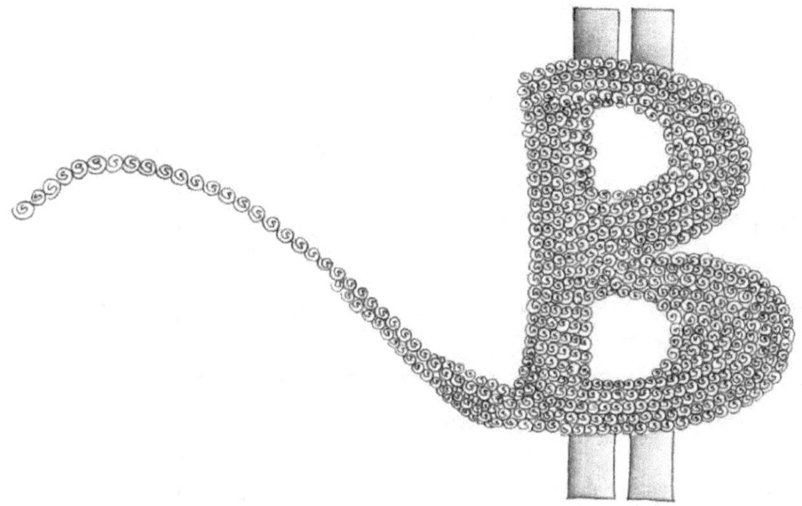

PERCHÉ DOVREI CONVERTIRE I MIEI RISPARMI IN QUALCOSA DI COSÌ VOLATILE?

Non dovresti.

Ma approfitto di questa domanda per elaborare un discorso più articolato.

Alcuni mi chiedono: "*conviene comprare bitcoin?*" Oppure: "*è un buon momento per comprare?*"
La prima mia risposta è: "*sono un tecnico, non un consulente finanziario*".

Se insistono la risposta è: "*non è mai un buon momento per comprare bitcoin, ma è sempre un buon momento per comprare bitcoin!*".

Spiego qui di seguito il significato di questa frase apparentemente senza senso.

Non è mai un buon momento se non sapete che cos'è, come funziona e perché funziona.
In poche parole, non comprate ciò che non conoscete. Vale per qualunque cosa: il vostro denaro è prezioso.

Non fatevi consigliare da nessuno, ragionate con la vostra testa e VERIFICATE.

È sempre un buon momento per comprare bitcoin se, dopo aver studiato un pochino, volete comprare delle frazioni di bitcoin - come abbiamo visto, la vera unità di valore di base del sistema è il satoshi (sat) - perché avete realizzato che il vostro attuale denaro non è così prezioso come pensavate: mai comprare tutto in una volta e in periodi di crescita del valore, ma piuttosto comprare un poco alla volta (es. il valore di un pacchetto di sigarette alla settimana) possibilmente in periodi di decrescita, indipendentemente dal valore attuale del singolo bitcoin.

E se l'esperimento Bitcoin dovesse fallire?
Perderete l'investimento! Perciò mai spendere ciò che non si è disposti a perdere.

Siete disposti a investire i vostri sudati risparmi su quella che ad oggi è una scommessa sul futuro? Io no.
Se invece c'è da spendere un pacchetto di sigarette alla settimana, se siete fumatori è anche salutare!

La domanda iniziale però ci permette di analizzare un pochino il concetto di volatilità.

Lungi da me dilungarmi su concetti propri di un testo economico - *The Bitcoin Standard di Saifedean Ammous* è di certo più utile in questo senso - vediamo brevemente perché la volatilità di Bitcoin non è per forza un male.

Quando abbiamo a che fare con un asset volatile siamo portati a credere che il suo prezzo vada sempre nella direzione sbagliata e che lo faccia a partire da quando l'abbiamo acquistato: se compriamo oggi, questo asset sicuramente perderà valore già a partire da domani, quindi non vale la pena acquistarlo.

Quasi come se la direzione intrapresa dalla curva sul grafico dipendesse da noi.

In effetti può essere anche in parte vero.

Se compriamo un asset altamente speculativo e lo facciamo in un momento di hype, ossia di eccitazione del mercato (**FOMO**), contribuiremo alla creazione della bolla speculativa e quasi sicuramente ne subiremo le conseguenze, che, in finanza, sono la caduta rovinosa del prezzo seguita da periodi di discesa (**Bear market**) e la liquidazione in perdita, perché il tipico ragionamento di chi si improvvisa "trader" è: *"se il valore è sceso, scenderà ancora, quindi è meglio uscire in perdita e recuperare qualcosa"*.

Dite la verità: vi ritrovate con quanto detto qui sopra, vero?

Succede quasi sempre quando ci si avvicina a Bitcoin dal punto di vista speculativo, prima di passare dallo studio della tecnologia.

In Bitcoin la volatilità si paga, ma lo si fa solo nel momento in cui si esce dall'investimento per limitare le perdite.

Questa volatilità però può anche essere cavalcata se, come abbiamo detto prima, acquistiamo pochi satoshi alla volta e con costanza, indipendentemente dal prezzo del singolo bitcoin.

Se ci rechiamo su *dcabtc.com* e impostiamo un investimento settimanale di 5 dollari, per esempio, possiamo vedere quanti satoshi avremmo accumulato in un periodo variabile e quanto avremmo sfruttato la volatilità nel cambio con il Dollaro.

Rendiamo le cose più interessanti.

Nel 2017 c'è stata la grande bolla di Bitcoin, che ha portato il prezzo del singolo BTC dai circa 1,000 USD ad aprile, fino ai 18,700 a dicembre, per poi scoppiare rovinosamente, fino a vedere il valore del singolo bitcoin arrivare a 3,500 USD a febbraio 2019.

Ancora adesso, quando parlo di Bitcoin, puntualmente c'è qualcuno che afferma: *"Io* - o un mio amico, o conoscente... il soggetto cambia di volta in volta - *ho perso un sacco di soldi con quel Bitcoin!"*.

Ebbene, utilizziamo di nuovo *dcabtc.com* e vediamo come questa bolla potesse essere cavalcata senza perdite.

Impostiamo un investimento di 5 USD settimanali, l'accumulo per due anni e la partenza a due anni fa (da agosto 2017 ad agosto 2019).

Nonostante avessimo iniziato a investire in piena bolla, oggi avremmo circa 8 milioni di satoshi e un aumento di valore in USD di circa il 35% rispetto a quanto investito.

Avremmo speso in totale 500 dollari e ne avremmo avuti ora 700, e questo nonostante il prezzo attuale di bitcoin sia di 10,000 USD (agosto 2019) mentre noi a dicembre 2017 abbiamo comprato a 18,000 dollari.

E se avessimo limitato l'investimento a un solo anno?

Ebbene, avremmo perso il 10% circa del nostro investimento, anziché più del 40% che avremmo perso qualora avessimo investito tutto mentre bitcoin valeva 18,000 USD.

Questa strategia d'investimento è chiamata **Dollar Cost Averaging*** e consiste appunto nell'investire una certa quantità di denaro in modo regolare piuttosto che in una volta sola.

In questo modo minimizziamo il rischio andando a rimuovere una variabile, ossia la volatilità a breve termine, e l'elemento emotivo, perché non siamo più costretti a monitorare il prezzo del singolo bitcoin nell'attesa di trovare il momento giusto per investire.

**Le informazioni sopra riportate non costituiscono in alcun modo un servizio di consulenza finanziaria. Le analisi proposte non possono in alcun modo sostituire il libero ed informato giudizio dell'investitore, che agisce sempre ed esclusivamente a proprio rischio e pericolo.*

QUANTO COSTA COMPRARE DEI BITCOIN?

I bitcoin, o meglio ancora, i satoshi, rappresentano delle unità monetarie e come tali possono essere acquistate e/o vendute come altre unità monetarie.

Quando dobbiamo fare un viaggio all'estero e il paese di destinazione non utilizza la nostra moneta, dobbiamo necessariamente cambiare del denaro.

Questo cambio si svolge solitamente in due modi: o recandosi presso un cambio valuta (un negozio, uno sportello bancario, un'app) o tra privati.

Un esempio molto banale: se mi reco in Albania so che lì la moneta locale è il Lek. Dovrò dunque recarmi da un cambio valuta per vendere i miei euro e acquistare dei lek, oppure dovrò scambiare qualche banconota nella mia valuta con un certo numero di contanti in lek con qualche persona del posto, sulla base di un cambio (rate) convenzionale (ad es. 1 euro per 120 lek).

Anche per Bitcoin vale lo stesso concetto.

Se voglio acquistare dei bitcoin dovrò vendere degli euro, mentre se voglio venderli dovrò acquistare degli euro (o altra valuta fiat), e potrò farlo su dei siti appositi chiamati exchange oppure tramite sportelli ATM, o ancora direttamente tra privati.

Comprare dei bitcoin dunque non ha un costo fisso, perché ci si basa su un cambio convenzionale, ad esempio il prezzo attuale su Kraken o su Coinmarketcap, ma può avere delle commissioni, soprattutto se effettuiamo l'acquisto presso degli sportelli ATM.

Queste commissioni, o fee, vanno mediamente dallo 0,25% al 10% e sono applicate da chi ci vende bitcoin o euro.

La media delle commissioni pagate presso un cambio valuta è appunto del 10%; se ne deduce che, a fronte di una spesa di 100 euro, otterrò dei satoshi per un controvalore di 90 euro.

Attenti però anche a quale prezzo viene mostrato in fase di scambio!

Se nell'ATM il prezzo di un bitcoin intero è di 10,000 euro ma noi sappiamo che in questo momento viene venduto mediamente a 9,500 euro, allora siamo in presenza di un'altra commissione, questa volta nascosta.

Riprendendo l'esempio: se vendiamo 100 euro presso questo ATM otterremo 0.009 bitcoin ossia 0.01 bitcoin meno il 10% di commissione. In satoshi sono 900,000 sat (ossia 1 milione di satoshi meno il 10%).

Se il cambio si fosse basato sul prezzo medio avremmo invece ottenuto circa 0.00947368 bitcoin, ossia 0.01052632 bitcoin meno il 10%. In satoshi sono 947,368 sat.

Su 100 euro l'ATM si è tenuto 10 euro di commissioni più circa 5 euro di commissioni "nascoste".

Può sembrare poco, ma su 1,000 euro iniziano a diventare commissioni importanti.

Per di più, se si ragiona in satoshi e si considera il potenziale aumento di valore per singola unità con il passare degli anni, 47 mila satoshi in meno non sono pochi!

Sta a noi scegliere il cambio più conveniente, proprio come faremmo quando dobbiamo cambiare euro per dollari o, riprendendo il mio esempio, euro per lek o altra valuta locale.

PERCHÉ NON DOVREI TENERE I MIEI BITCOIN SU UN EXCHANGE?

Possiamo acquistare dei bitcoin (o dei satoshi) anche su un exchange online ma non dovremmo mai tenere i nostri fondi fermi su di esso.

Il motivo è piuttosto semplice: non disponiamo della chiave privata del nostro portafoglio presente sull'exchange, dal momento che questo ci fornisce un wallet custodial. Immaginiamo che vogliate convertire degli euro in dollari: vi fidereste a lasciare i vostri soldi al cambio valuta dopo averli convertiti?

Per comprendere al meglio i pericoli derivanti dal non disporre direttamente dei propri fondi per mezzo della chiave privata ti invito a leggere il capitolo *Hanno mai rubato dei bitcoin dal sistema?*

Usiamo dunque l'exchange per l'acquisto dei satoshi e il mantenimento temporaneo degli stessi, qualora volessimo utilizzarlo per fare attività di trading ma ricordiamoci che NON fornisce un wallet non-custodial!

Perché l'oro digitale è meglio di quello materiale?

Spesso bitcoin, come unità monetaria, viene definito "**oro digitale**".

Il motivo di questa definizione è legato principalmente a due caratteristiche condivise da bitcoin e dall'oro: **è un bene scarso ed è difficile da produrre.**

Non ha nulla a che fare con il costo del singolo bitcoin né con il valore attribuito al protocollo Bitcoin! Se un domani il singolo bitcoin dovesse costare 100 euro anziché 10,000, le due proprietà esposte sopra continuerebbero a essere valide.

L'oro è attualmente una migliore riserva di valore (**Store of Value**), semplicemente perché ha avuto più tempo per consolidare la sua posizione sul mercato.

A livello teorico anche Bitcoin dovrebbe nel tempo costituire una riserva di valore e dunque permettere all'utente di mantenere il suo potere d'acquisto se non addirittura aumentarlo.

Bitcoin ha però delle caratteristiche che lo rendono migliore dell'oro come medium di scambio.

Vediamole insieme.

Main features	GOLD SYSTEM	BITCOIN SYSTEM
FUNGIBILITY	High fungibility with gold Low fungibility with digital gold tokens, subject to seizure	Medium fungibility on blockchain High fungibility with satoshi on second layers
DURABILITY	High durability	Private key can be lost. Digital cash is unseizable, unhackable, undestroyable
PORTABILITY	Good for medium trades bad for big trades	Excellent portability Digital only
DIVISIBILITY	Good divisibility	Excellent divisibility
SECURITY	Exposure to counterfeit Funds management personal or by a third party	Granted by decentralization and PoW Not your keys, not your BTC
COUNTERFEIT	Counterfeiting affects certified marks	Impossible to counterfeit a private key
EASY TO TRANSACT	High amount transactions are expensive and complex	P2P Transactions Can be expensive on blockchain, cheap or free on second layers
SCARCITY	Good scarcity (now) but unpredictable supply	Predictable circulating and total supply

FUNGIBILITÀ: abbiamo detto precedentemente che questo termine indica un bene che può essere scambiato con un altro di pari valore attribuito.

Ad esempio possiamo scambiare una moneta d'oro 14k da 10 gr con un'altra che presenta le stesse caratteristiche chimico/fisiche.

In ambito digitale è difficile garantire fungibilità in un contesto in cui un'entità terza può intervenire e annullare le transazioni o sequestrare il denaro.

Il mio denaro potrebbe risultare sporco e di conseguenza non valere quanto il tuo.

Bitcoin cerca di risolvere questo problema introducendo il concetto
d'irreversibilità delle transazioni ed escludendo la terza parte.

Il livello di fungibilità dell'oro non segnato è superiore a quello di Bitcoin se
consideriamo gli scambi di bitcoin sul livello base (tramite blockchain),
mentre è comparabile se prendiamo in considerazione gli scambi su
Lightning Network.

NON DEPERIBILITÀ: l'oro al pari di bitcoin non è deperibile, caratteristica
ottima se si vuole utilizzare questi beni come denaro.

PORTABILITÀ: la portabilità dell'oro è buona se si considerano i commerci
di lieve entità (es. acquisto di un'auto), è pessima se si considerano i grandi
commerci.
La portabilità di bitcoin è ottima e non fa affidamento sul mezzo utilizzato
(basta un'app sul cellulare).

DIVISIBILITÀ: entrambi gli asset sono frazionabili ma Bitcoin è più adatto ai
micropagamenti (su Lightning Network). Bitcoin è frazionabile fino a 8 cifre
decimali per le transazioni su blockchain, mentre lo è fino a cifre sub-satoshi
per quelle su Lightning Network. Questa facilità nel frazionamento è
possibile perché l'asset bitcoin è completamente digitale.

SICUREZZA: la sicurezza di Bitcoin è data dalla sua decentralizzazione e
dalla potenza di calcolo impiegata dai minatori per sostenere il network.
Maggiore è questa potenza di calcolo e la quantità di minatori, minore è la
possibilità che le transazioni vengano riscritte o rese reversibili.

Attualmente il costo per un attacco alla rete Bitcoin è stimato da Messari
(*messari.io*) intorno ai $160.000.000 al giorno, con un attaccante che però sia
in grado di raccogliere e gestire direttamente più del 50% della potenza di
calcolo del sistema. Il network è considerato dunque relativamente sicuro,
data l'impossibilità per un attaccante di coordinare un attacco simile e la
tendenza del sistema di aumentare la potenza totale, attualmente vicina ai
100 milioni di TH/s.

#	Asset	Price USD	Liquid Marketcap	%down from ATH	Attack Cost / day
1	Bitcoin . BTC	$10,240.76	$183,647,997,296	49%	$162,802,381
4	Bitcoin Cash . BCH	$295.64	$5,326,442,366	93%	$4,196,731
2	Ethereum . ETH	$178.68	$19,165,401,626	88%	$3,586,672
9	Bitcoin SV . BSV	$116.75	$2,100,965,575	54%	$1,948,947
29	Dogecoin . DOGE	$0.00240	$287,236,259	87%	$578,826
5	Litecoin . LTC	$67.65	$4,284,772,485	82%	$561,758
28	Zcash . ZEC	$44.01	$326,274,841	95%	$559,630
16	Dash . DASH	$91.27	$824,522,444	94%	$516,817
42	Ravencoin . RVN	$0.0306	$134,970,693	61%	$297,823
17	Ethereum Classic . ETC	$6.13	$697,242,443	87%	$239,321

La sicurezza individuale è data invece dalla capacità degli utenti di mettere in sicurezza le loro chiavi private (vedi "*Hanno mai rubato dei bitcoin dal sistema?*").

Di contro, la sicurezza dell'oro è data da fattori quali:

- esposizione alla contraffazione
- gestione dei fondi da parte dei privati
- gestione dei fondi da parte di un ente terzo
- suscettibilità ai sequestri da parte dello Stato o altro ente giuridico

La contraffazione è un problema che colpisce anche gli istituti che immagazzinano e gestiscono i fondi; se è vero che una contraffazione di minerali può essere facilmente scoperta, è anche vero che è possibile che ad essere contraffatti siano i marchi apposti sulle barre d'oro.

Di recente si è scoperto che barre d'oro contraffatte sono state immagazzinate nei forzieri di JPMorgan Chase & Co per un controvalore di 50 milioni di euro. I falsi sono sofisticati, quindi altre migliaia di barre d'oro false potrebbero non essere state individuate. [31]

Attenzione però: i falsi sono oro vero. Ad essere contraffatti sono i marchi apposti sulle barre. Questa contraffazione è un modo relativamente nuovo di infrangere le misure globali prese per bloccare i "minerali di conflitto", proveniente cioè da zone di conflitto e venduti principalmente per perpetuare le guerre, e per prevenire il riciclaggio di denaro.

Di conseguenza si passa al quarto fattore elencato in precedenza, ossia la suscettibilità ai sequestri da parte dello Stato, minore in Bitcoin grazie alla pseudo-anonimia intrinseca al sistema stesso.

La gestione dei fondi in oro, specie per alte somme di denaro, avviene per conto di terze parti affidabili: tipicamente banche soggette a regolamentazioni. Per quanto riguarda Bitcoin, questa può essere fatta in totale autonomia, anche per alte cifre.

Per somme minori, l'oro può essere relativamente semplice da storare ma maggiormente sottoposto al rischio di furti o estorsioni rispetto a Bitcoin: è senza dubbio più semplice conservare un foglio contenente una chiave privata, o addirittura memorizzarla, rispetto a conservare e mettere in sicurezza un Kg d'oro.

La gestione dei fondi da parte di un ente terzo comporta una centralizzazione delle risorse che espone ai pericoli espressi nel capitolo *Perché Bitcoin è stato creato?*, in particolare se il sistema di gestione dell'ente è centralizzato e l'oro "tokenizzato", ossia rappresentato da un gettone digitale emesso dall'istituto.

FACILITÀ NELLE TRANSAZIONI: le transazioni in oro per alte cifre sono costose e complesse. Richiedono un intenso lavoro di coordinamento e commissioni molto elevate, a meno che gli asset non vengano tokenizzati. Le transazioni Bitcoin sono pressoché immediate (ore per Bitcoin su blockchain, giorni/settimane/mesi per l'oro fisico) e realizzabili direttamente tra le due parti che vogliono scambiarsi del valore.

SCARSITÀ: entrambi gli asset sono scarsi ma la quantità di unità di valore nel sistema Bitcoin è totalmente prevedibile (**predictable supply**), mentre non lo è per l'oro.

La scoperta di un grosso giacimento d'oro potrebbe comportare uno shock al mercato globale con conseguente riduzione del ruolo dell'oro come riserva di valore, fino a ridurre il suo utilizzo ai soli scopi secondari (es. industria informatica, tecnologia, elementi d'arredo). Non si tratta di ipotesi remote: con il rafforzamento dell'industria spaziale sarà possibile cercare giacimenti di metallo prezioso su corpi celesti relativamente vicini e prelevarlo.

Bitcoin è stato realizzato con il preciso scopo di fungere da unità monetaria e potrà potenzialmente sostituire l'oro come riserva di valore globale.

CHE COS'È LIGHTNING NETWORK?

Lightning Network è una rete di **canali di pagamento** aperti tra privati individui e/o aziende e rappresenta la soluzione di scaling per Bitcoin; ecco perché spesso lo chiamiamo anche il secondo livello di Bitcoin (Second Layer).

Con Lightning possiamo potenzialmente effettuare centinaia di migliaia se non milioni di transazioni al secondo e quindi raggiungere qualsiasi parte del mondo (quasi) istantaneamente.

"Sì, e gratuitamente!"

Non proprio.

Possiamo effettuare transazioni su Lightning Network e possiamo farlo in cambio di una commissione per transazione davvero economica: personalmente non ho mai speso più di 10 sat a transazione in commissioni.

Ma non sarà così a lungo.

Prima di esplorare perché e cosa possiamo fare in merito, vediamo un po' come funziona Lightning Network.

Ogni membro della rete può creare un suo nodo, dotato di un wallet, all'interno del quale può conservare una certa quantità di satoshi, oppure può affidarsi a un servizio custodial, con tutte le criticità che ne conseguono. Quando l'utente vuole inviare un pagamento a un'altra persona o servizio sulla rete, può aprire con essa un canale di comunicazione all'interno del quale viaggeranno i satoshi, proprio come tra i dispositivi connessi a Internet viaggiano i pacchetti dati instradati dai protocolli di trasporto, quali ad

esempio il TCP. Il discorso sulla struttura alla base di Internet è un po'
complicato perciò lo approfondiremo in seguito.

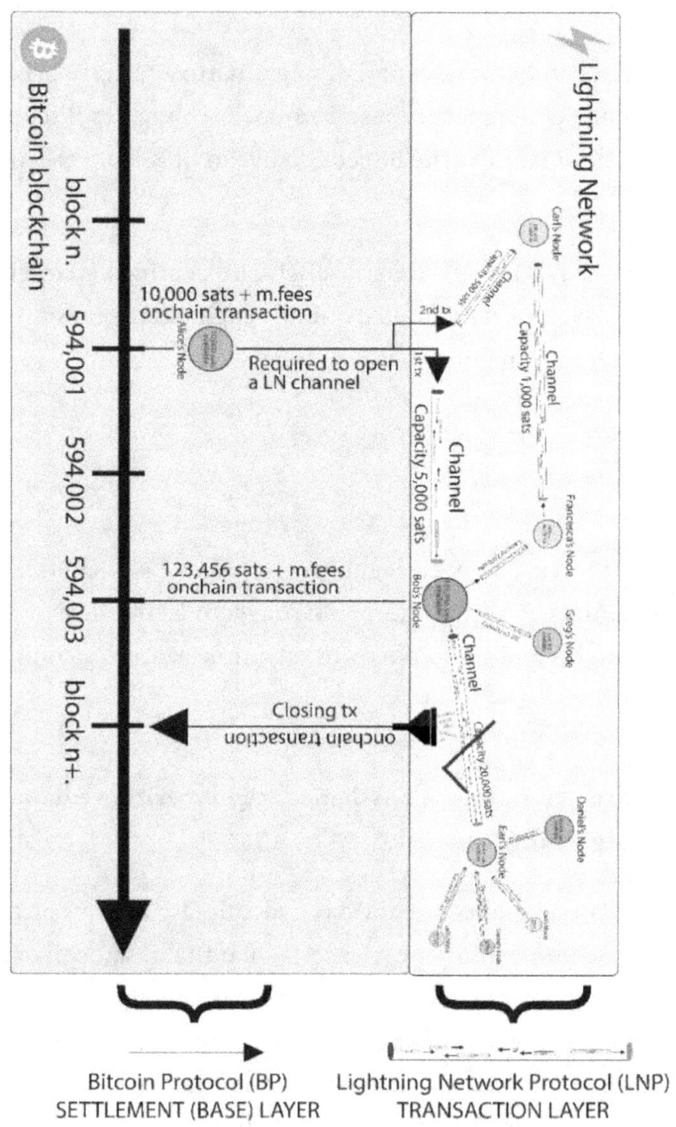

Nell'immagine della pagina precedente: le frecce nere provenienti direttamente dai nodi rappresentano delle transazioni su blockchain, mentre quelle all'interno del canale sono transazioni Lightning.

Per convenzione, solo tre transazioni vengono mostrate come direttamente collegate alla blockchain di Bitcoin e sono utilizzate per aprire due canali, quello di Alice con Bob e quello di Alice con Carl, e per chiudere il canale che Bob aveva

aperto verso Earl. Tutte le altre frecce nere fuori dai canali rappresentano anch'esse transazioni onchain.

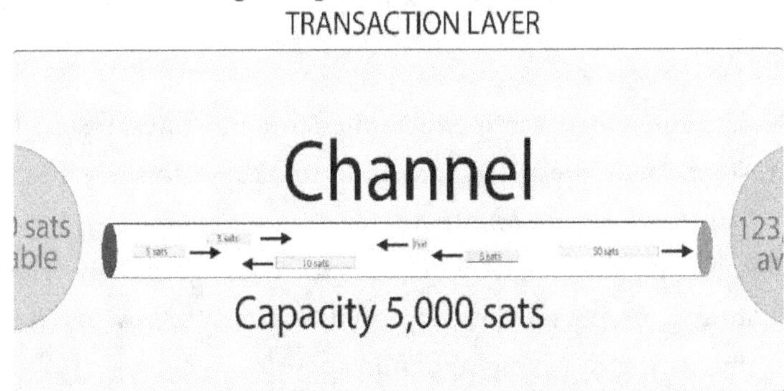

Alice ha potuto aprire due canali con due nodi diversi attraverso due transazioni onchain.

All'interno dei canali può eseguire tutte le transazioni che desidera, senza attendere conferme o pagare fee ai minatori.

Bob chiude il canale che ha con Earl e i suoi satoshi vengono riversati sulla blockchain attraverso un'unica transazione di chiusura.

Nella prima immagine i due riquadri grandi rappresentano simbolicamente i due livelli: **Settlement Layer**, il livello base (blockchain) e **Transaction Layer** (Lightning Network channels).

La raffigurazione del Transaction Layer più corretta dovrebbe considerare solo i canali di pagamento e non le transazioni esterne ad essi, ma per esigenze legate alla semplificazione della rappresentazione su livelli, si è scelta questa soluzione.

Facciamola semplice. Come funziona con un esempio.

Immaginate di essere un gruppo di cinque amici con un appuntamento fisso: il venerdì sera al pub.

Ogni volta che andate a bere e mangiare insieme passate alla cassa del pub e vi fate dividere il conto in modo che ognuno paghi per ciò che ha consumato.

Il proprietario del pub dovrà battere più scontrini, spendere del tempo per incassare il denaro dai singoli facendo aumentare la fila davanti alla cassa, e stare attento a raggiungere il totale corretto. Insomma, questo sistema è inefficiente; è lento, costoso, decisamente non scalabile.

Ipotizziamo ora che tu e i tuoi amici vogliate fare le cose in modo più efficiente.

Calcolate che ogni mese spendete mediamente 100 satoshi a testa.
Potreste mettere questi 100 satoshi in una cassa comune e tenere ognuno di voi il conto sulle spese effettuate.
Una volta raggiunta la cassa del pub potrete pagare il proprietario in un'unica soluzione, consapevoli che nessuno di voi ci rimetterà perché sapete esattamente quanto i singoli hanno speso.
Dal mese successivo, se Alice, membro del gruppo, ha speso 50 satoshi, integrerà la cassa con 50 satoshi, se Bob ne ha spesi 20 ne inserirà altrettanti per raggiungere la cifra di 100 satoshi e così via.
La cassa potrebbe risultare utile anche fuori dal pub: se Bob volesse comprare una pizza che costa 5 satoshi ma non avesse denaro con sé, potrebbe chiedere un prestito dalla cassa che ha con i suoi amici e integrare 5 satoshi alla spesa successiva al pub.
Su un conto al pub di 20 satoshi a testa, Bob ne pagherà 24 e tutti gli altri 19.

Queste spese extra possono avvenire un numero teoricamente infinito di volte, l'importante è che ogni membro del gruppo tenga il conto delle spese e che ogni mese ognuno di loro abbia un saldo di 100 satoshi.

Tutto ciò è simile a quanto avviene con il second layer di Bitcoin chiamato Lightning Network [32].

Tu e i tuoi quattro amici aprite un canale di pagamento (nell'esempio, la cassa comune) eseguendo un'unica transazione a testa sulla blockchain di

Bitcoin. Anziché essere una transazione standard, che richiede un'unica firma per spenderne i fondi, questa è una transazione di **tipo multi-signature**. Le transazioni multi-signature sono, in estrema sintesi, delle transazioni complesse e programmabili, che permettono a diverse parti di partecipare. Le singole parti non possono eseguire transazioni verso l'esterno senza l'autorizzazione (le firme) degli altri partecipanti al gruppo.

Le parti sono ancorate alla blockchain Bitcoin da un contratto multi-signature e ora possono inviare tra loro delle transazioni Bitcoin all'interno del canale, senza la necessità di trasmettere tutte le transazioni alla blockchain.

Il canale richiede che al suoi interno vengano inseriti dei fondi: **è necessario che almeno una delle parti coinvolte nell'apertura del canale versi dei fondi.**

Questo denaro inserito nel canale di pagamento viene chiamato **Channel Capacity**, ossia la capacità in satoshi del canale appena aperto.

I partecipanti al canale tengono traccia del saldo (**channel states**) e trasmettono l'ultimo saldo del canale alla blockchain di Bitcoin solo se desiderano chiudere il canale.

Quindi se Bob volesse uscire dalla cassa comune, potrà farlo: verrà calcolato il suo debito nei confronti della cassa e potrà portare fuori da Lightning Network, e quindi di nuovo su blockchain, i satoshi che gli sono rimasti, meno la solita commissione di transazione da pagare ai minatori.

Un vero sistema di contante elettronico P2P

Quindi **Lightning Network è una rete di canali di pagamento in cui gli utenti possono scambiarsi dei satoshi tra loro direttamente, senza che un minatore raccolga le loro transazioni e le inserisca in un nuovo blocco.**

Le uniche mining fee che tu e i tuoi amici dovrete pagare saranno quelle dell'invio dei satoshi verso un nodo Lightning per l'apertura di un canale di pagamento con esso e quelle per la chiusura del canale con conseguente invio dei restanti satoshi sulla blockchain di Bitcoin, anziché tutte quelle derivanti dalle singole transazioni onchain che solitamente fareste.

Per ogni canale che si desidera aprire viene stabilita una capacità in satoshi: mettiamo che nel mio wallet abbia 0.01 BTC, ossia 1 milione di satoshi. Potrei decidere di aprire un canale diretto con un mio amico con una capacità di 20,000 satoshi, uno di 100,000 satoshi con il mio pub preferito e tanti altri. Potrò poi eseguire tutte le transazioni che desidero sfruttando questi canali senza la necessità di chiuderli. Il pub invece, potrebbe decidere ogni tanto di trasferire dei satoshi sul suo cold wallet in blockchain, giusto per tenere quantitativi importanti offline e protetti dalla (tendenza all')immutabilità del registro di Bitcoin.

Non solo canali diretti

Se Lightning Network permettesse di trasferire satoshi solamente su dei canali diretti sarebbe del tutto inutile, o meglio, la sua utilità si avrebbe solo per i pagamenti ricorrenti tra due persone e/o aziende in diretto contatto. In realtà questo network permette di avere quello che in gergo viene definito **Payment Routing**: posso inviare dei satoshi anche a chi non è collegato direttamente a me attraverso dei "salti" tra nodi.

Immaginiamo che un amico debba pagare la sua birra al pub ma non abbia un canale di pagamento diretto con il locale.
Anziché aprirne uno, con conseguente fee da pagare e tempo d'attesa, perché dovrebbe attendere la conferma della transazione su blockchain, questo legge l'invoice del pub e paga: i satoshi passeranno prima da un canale aperto dal nostro amico con un'altra persona e salteranno da utente a utente fino a raggiungere qualcuno il cui portafoglio elettronico ha un canale diretto con il pub.
Nel nostro esempio, se il nostro amico ha un canale diretto con il nostro nodo e noi ce l'abbiamo con il pub, potrebbe accadere che i satoshi passino prima da noi per poi arrivare al nodo del pub.

Maggiore è il numero di nodi a disposizione di Lightning Network, più è semplice realizzare questi pagamenti indiretti. Pochi nodi significano alta possibilità che il pagamento non vada a buon fine!

È come se, nel mondo materiale, dovessimo pagare una persona che si trova in un'altra città usando delle banconote: possiamo consegnare i soldi a un nostro conoscente e questo lo consegnerà ad altre persone, fino a raggiungere il vero destinatario.

Ovviamente, seppur simile a un sistema di pagamento indiretto del mondo fisico, qui non c'è il pericolo che uno dei partecipanti incaricati di consegnare il denaro al successivo scappi con il malloppo, perché il network è basato su **smart contract** e non su intervento diretto delle persone.

Lightning costituisce dunque un vero network P2P, nel pieno rispetto dell'abstract del whitepaper di Bitcoin realizzato da Satoshi Nakamoto, mentre il livello base, con la sua blockchain, è più simile a un sistema broadcast, dal momento che la trascrizione delle transazioni e la loro irreversibilità dipendono dai minatori.

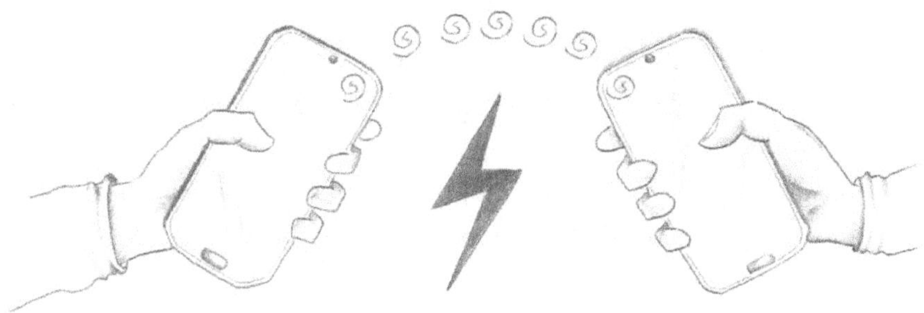

Il Lightning Network Fee Market

Ogni transazione ha un prezzo. Questo è vero per qualsiasi tipo di transazione, e se nei sistemi transazionali classici (ad esempio Visa o Mastercard) non paghi commissioni, è perché qualcuno le paga per te: di solito il proprietario del negozio, che, se è intelligente, aumenterà un po' il prezzo dei suoi prodotti per coprire le commissioni.

Questo vale anche per Lightning Network.

"Ok, ma quanto devo pagare?"

Dipende.

Se con Bitcoin onchain paghi una fee che corrisponde alle commissioni che vuoi pagare moltiplicate per la dimensione in byte della tua transazione – potresti potenzialmente pagare commissioni elevate per una transazione con un valore economico basso e commissioni basse per un valore TX elevato(vedi Appendice IV, *"Quanto costa inviare bitcoin?"*) – , con Lightning potresti avere letteralmente ZERO commissioni ma hai altri parametri da considerare.

Base Fee: quando apri un canale con un nodo, dovresti sapere qual è la Base Fee che richiederà per ogni transazione che lo attraversa e raggiunge un altro nodo.
Se la Base Fee è ad esempio 1 sat, pagherai 1 sat come prezzo fisso.

Fee Rate: quando invii una transazione, questa passa attraverso un nodo e questo ha impostato un tasso di commissione, paghi una percentuale dell'importo totale come commissione.
Il tasso di commissione è espresso in milli millisat (mSats), quindi, ad esempio, se un nodo richiede 1000 milli mSats come tasso di commissione, chiederà 0,001 sat.

Devi moltiplicare questo importo per l'importo totale da transare.

Vuoi trasferire 2000 sat? paghi 1 sat (Base Fee) + 2000 x 0,001 sat (Fee Rate) = 3 sat come commissione finale (Base Fee + Fee Rate).

È tutto?

No.

Devi anche considerare la quantità di hop che la tua transazione dovrà fare!

Se non hai un canale diretto con un nodo e devi pagare per un servizio, effettuerai l'inoltro su un altro nodo e questo farà lo stesso con un altro, fino a raggiungere il nodo del servizio da pagare. Lo abbiamo visto prima e lo abbiamo chiamato Payment Routing.

Quindi, diciamo che Alice deve pagare David – sì, più sat per me! – ma non ha un canale diretto con lui.
Alice ha un canale diretto con Bob, Bob ha un canale con Carol e Carol con David.
La transazione dovrà passare attraverso 2 nodi!
Quindi, ipotizziamo che questi nodi abbiano lo stessa Fee Rate e Base Rate:
Alice deve pagare anche Carol, non solo Bob, quindi il doppio delle commissioni.
Ora i 2000 sat per David avranno bisogno di 6 sat di commissioni per arrivare a destinazione.

Come puoi vedere, anche se le commissioni sono basse (0,3% dell'importo totale), non sono pari a zero.

È importante notare che Alice può decidere l'importo massimo delle commissioni che è disposta a pagare.

Se 6 sat sono troppo alti per lei, potrebbe selezionare un limite più piccolo: diciamo 3 sat.
Il suo nodo calcolerà un altro percorso per David (se presente) in cui i nodi di instradamento richiedono una tariffa inferiore.

Alice e David sono entrambi collegati a Isaac, un LSP (Lightning Service Provider). Questo ha un tasso di commissione di 1000 mili mSats e un Base Fee di zero sat.
Se Alice paga 2000 sats a David, dovrà pagare solo 2000 x 0,001 sats (tariffa) = 2 sats.
Pagherà lo 0,1% dell'importo totale come commissione.
Quindi, come puoi vedere, se un utente imposta un importo massimo di

commissione che è disposto a pagare, il nodo cercherà il percorso migliore con la tariffa più bassa.

Inizia il Lightning Network Fee Market

Comprendiamo dunque che gli operatori di nodo hanno due opzioni principali:

1. Potrebbero decidere di mantenere la commissione pressoché statica e anche alta rispetto alla media, in modo da mantenere il loro canale equilibrato e guadagnare sporadicamente delle commissioni di instradamento elevate.
2. Potrebbero seguire (o meglio, creare) il mercato e avere tariffe dinamiche in modo da poter avere più eventi di routing, guadagnare meno per ogni evento, ma avere commissioni di instradamento complessivamente maggiori sommando tutte le transazioni.

Cosa possiamo fare per essere utenti attivi e per mantenere basse le tariffe?

Beh, prima di tutto dovremmo iniziare a creare nodi e ad aprire i canali.

È meglio avere una rete con molti nodi piuttosto che molti canali con una piccola rete di nodi!

Quindi, dovremmo selezionare buoni nodi in termini di capacità e disponibilità, ma possiamo anche considerare la Base Fee e la Fee Rate.

Nel mio caso ho creato una sorta di **listino prezzi** per i miei servizi di routing:

Quindi è come se stessi vendendo il mio servizio di routing (o rendessi disponibile la capacità) a un prezzo: in questo caso chiedo zero sat come Base Fee e un Fee Rate variabile che parte da 1 mili mSat (0.000001 sats) e arriva a 2000 mili mSat (0.002 sat) se un utente apre un canale con 2 milioni di sat di capacità verso mio nodo.

Questo listino prezzi probabilmente cambierà, adattandosi al Lightning Network Fee Market, una volta che la rete sarà più grande e ci sarà più concorrenza tra i nodi di routing.

Nel caso in cui desideri aprire un canale al mio nodo, ora conosci i miei prezzi ed ecco il mio QR Code URI:

Che cos'è una Sidechain?

Una sidechain è una catena alternativa alla blockchain di Bitcoin e costituisce una soluzione di scalabilità esterna al sistema.

Questa catena ha al suo interno dei token che rappresentano una certa quantità di bitcoin: nel momento in cui si vuole operare su di essa, l'utente invia un certo quantitativo di BTC a uno smart contract che li terrà bloccati e gli permetterà di svolgere delle transazioni con questi token. Qualora l'utente desiderasse uscire dalla sidechain potrà ottenere nuovamente i suoi bitcoin restituendo i token all'indirizzo specificato dallo smart contract.

La più nota sidechain di Bitcoin è al momento **Liquid Network di Blockstream**.

Le soluzioni sidechain non sono paragonabili alla blockchain di Bitcoin dal punto di vista della decentralizzazione. Questi network sono infatti nelle mani di federazioni, in cui il numero di nodi è limitato al fine di garantire una più ampia velocità di esecuzione delle transazioni.

Quando si prende in considerazione l'utilizzo di sidechain lo si fa principalmente per sfruttare caratteristiche non presenti nella blockchain di Bitcoin o per avere transazioni più rapide e più orientate alla privacy. Entra però in gioco il concetto di fiducia: ci si deve fidare che i vari membri della federazione conservino una riserva del 100% degli asset rappresentati dai loro token e che questi nodi siano in numero sufficiente da non essere facilmente attaccabili dall'esterno, garantendo che il network non venga messo fuori uso.

BITCOIN È STATO INVENTATO DALL'NSA (NATIONAL SECURITY AGENCY) AMERICANA?

Non conosciamo la vera identità di Satoshi Nakamoto. Non sappiamo neanche se sotto questo pseudonimo si nascondesse una sola persona o un gruppo di ricercatori e sviluppatori.

Allora da dove deriva questa convinzione che l'NSA possa essere dietro lo sviluppo di Bitcoin?

Il primo indizio lo troviamo nell'algoritmo di hash utilizzato in Bitcoin: il SHA256.

SHA è un termine che designa una famiglia di funzioni crittografiche di hash inventate dall'NSA, nella quale troviamo anche il SHA256.

Ma quindi se queste funzioni crittografiche le ha inventate l'NSA e se questa agenzia è nota per il suo lavoro di spionaggio a carico anche dei privati cittadini, sicuramente deve esserci del losco in Bitcoin!

Iniziamo con il dire che molte delle tecnologie che utilizziamo oggi sono state di fatto oggetto di ricerca da parte di enti statali o parastatali.
Un esempio su tutti è dato da Internet, nato da Arpanet, rete di interconnessione realizzata nel 1969 dalla Difesa degli Stati Uniti.
Eppure utilizziamo Internet, e possiamo anche farlo combattendo la censura imposta dagli stati. Come mai?

Ritorna il concetto di open source, già analizzato in precedenza.

Si tratta di tecnologie aperte, realizzate sì da attori che potrebbero sfruttarle per scopi antietici ma utilizzabili da tutti e soprattutto analizzabili.

Ritornando allo SHA256, va dunque detto che si tratta di uno standard aperto e che è stato, negli anni, analizzato da centinaia di migliaia di ricercatori e sviluppatori.
Diventa dunque improbabile che l'NSA abbia inserito una backdoor nel codice e che questa non sia stata ancora individuata.

Oltre alle motivazioni tecniche che hanno portato alla convinzione, da parte di alcuni, che l'NSA possa essere dietro allo sviluppo di Bitcoin, esistono anche dei documenti che, se mal analizzati, possono portare a certe conclusioni.

Uno su tutti è *HOW TO MAKE A MINT: THE CRYPTOGRAPHY OF ANONYMOUS ELECTRONIC CASH* di Laurie Law, Susan Sabett, Jerry Solinas. [33]

Non si tratta di un whitepaper nel quale si descrive una tecnologia proposta o realizzata dall'autore del documento, ma è un interessante studio dell'NSA su tecnologie già esistenti, in particolar modo sulle criticità del sistema monetario cashless e sui tradeoff del nuovo sistema di electronic cash.

Non vengono illustrate invenzioni dell'NSA.

Viene analizzato in particolare il sistema di blind signatures inventato da David Chaum poi applicato in eCash, ma soprattutto viene ben descritto il termine Electronic Cash che, come in Bitcoin, sta a indicare la portabilità del concetto di contante materiale nel mondo digitale, con buona pace di coloro che ancora credono che cash voglia dire denaro spendibile e che quindi lo oppongono al concetto di store of value.

Con il senno di poi fa specie vedere che mancava tanto così per arrivare a Bitcoin e che i tradoff e le criticità qui illustrati potessero venir risolti con la "semplice" decentralizzazione del sistema.

È VERO CHE I CRIMINALI USANO I BITCOIN?

Certamente!

I criminali usano Bitcoin come usano altre tecnologie quali Internet, la telefonia, i computer, le auto, ecc.
Dirò di più: sembra assurdo ma i criminali, come primo medium di scambio, usano il Dollaro!

Fuor di ironia, l'obiezione posta da alcuni riguardo l'utilizzo che i malviventi possono fare di Bitcoin è quantomeno ridicola.

Le persone usano Bitcoin per i più disparati acquisti: case, auto, tecnologia, droga, materiale illegale. Insomma, è un medium di scambio e lo si utilizza come gli altri.
Quindi è sciocco preoccuparsi degli utilizzi che si fanno del denaro, anzi! Ci sarebbe da preoccuparsi se il denaro che utilizziamo si rivelasse condizionato da un'entità centrale, in qualche modo castrato e dunque non più neutrale.

Andreas M. Antonopoulos, docente e autore di libri su Bitcoin, quali ad es. *Mastering Bitcoin* e *The Internet of Money*, è solito spiegare questa associazione tra Bitcoin e acquisti "proibiti" in questo modo:

"Le persone mi chiedono, non sei preoccupato per il fatto che (con Bitcoin) puoi comprare la droga?
Questo è denaro per quanto mi riguarda.
Non conosco alcuna forma di denaro con cui non puoi comprare della droga.
Più specificamente le droghe sono la seconda merce più commercializzata al mondo, dopo il cibo, e sono state tali negli ultimi centocinquantamila anni. Se non potessi comprare della droga con i mieii soldi, direi che non sono soldi veri.
Quindi uno dei criteri del denaro è che puoi acquistare prodotti e servizi e se

non riesci ad acquistare con questo la seconda merce più commercializzata al mondo, allora non è vero denaro."

Non credo esista migliore risposta.

Per di più si potrebbe aprire un gran dibattito su che cosa è illegale e cosa no. In un contesto globale, ad esempio, può essere definito illegale tout court l'acquisto di cannabis?
Decisamente no.
Esistono infatti degli stati in cui l'acquisto di cannabinoidi e oppioidi è totalmente legale, altri in cui è ristretto e altri ancora in cui è assolutamente vietato, con pene che vanno dalla semplice ammenda fino, purtroppo, alla morte.
Pensate, in alcuni paesi è illegale persino acquistare alcolici, mentre da noi (in Europa) il divieto è solo per i minori.

Insomma, Bitcoin è un ottimo sistema di pagamento anche e soprattutto per il fatto di essere neutrale, non condizionato dalla politica di chi ne fa uso o di chi controlla grandi capitali. Non si può dire la stessa cosa del dollaro (o dell'euro) digitale.

HANNO MAI RUBATO DEI BITCOIN DAL SISTEMA?

No.

Non è possibile, a causa della tecnologia e agli algoritmi di criptaggio utilizzati, rubare dei bitcoin dal sistema.

Non si può craccare una chiave privata ed appropriarsi dei fondi.

Da una definizione fornita da Bellaj Badr, CTO e fondatore di Mchain:

"Una chiave privata Bitcoin (chiave ECC) è un numero intero compreso tra 1 e circa 10 ^ 77. Potrebbe non sembrare una gran scelta, ma per scopi pratici è essenzialmente infinita.
Se potessi elaborare un trilione di chiavi private al secondo, ci vorrebbero più di un milione di volte l'età dell'universo per contarle tutte.
Ancora peggio, il solo enumerare queste chiavi consumerebbe più della produzione totale di energia del Sole per 32 anni.
Tutto ciò gioca un ruolo fondamentale nel proteggere la rete Bitcoin." [34]

Diversa cosa se invece consideriamo il furto di bitcoin agli utenti o la perdita delle chiavi private.

Stando a una classifica fornita da Airbitz Inc., le più grandi minacce ai fondi degli utenti sono, in ordine di rilevanza statistica: [35]

1. Errore umano (dispositivi persi, backup persi, ecc.)
2. Ingegneria sociale (phishing, furto SIM, ecc.)
3. Rischio di custodia di terzi (hacking dell'exchange o della banca, frode)
4. Malware (keylogger, screen capture)
5. Attacco fisico (sotto minaccia armata)

Come detto in precedenza, se utilizziamo un'app che non ci permette di fare un backup delle chiavi private e perdiamo il nostro dispositivo, abbiamo perso i fondi. Usate dunque sempre applicazioni che vi permettano di trascrivere le chiavi private.

Va da sé che se perdiamo il nostro paper wallet contenente il backup delle chiavi private siamo di nuovo fregati. L'errore umano è, come in tanti altri ambiti, al primo posto tra le cause di perdita dei fondi.

La seconda causa è l'attacco da parte di altre persone utilizzando la cosiddetta ingegneria sociale, che si realizza in particolare tramite il **phishing**.

Il phishing è un tipo di truffa online che prevede il tentativo da parte di un malintenzionato di far rilasciare alla vittima dei dati sensibili, in questo caso l'accesso al nostro portafoglio elettronico.

Questa truffa avviene principalmente tramite canali di comunicazione quali ad esempio mail e messaggistica (Telegram, WhatsApp): l'attaccante di solito invia il link a un sito apparentemente affidabile e chiede di inserirvi le chiavi private, o addirittura chiede direttamente queste ultime all'utente.

La custodia dei fondi presso terzi avviene tipicamente quando l'utente lascia i propri bitcoin su un exchange che, essendo un sistema centralizzato, è esposto a tutti i rischi propri di un sistema di questo tipo: hacking, attacchi DDoS, downtime tecnici, ecc.
Sono tantissimi i casi di exchange violati e privati dei fondi degli utenti.
Il caso più eclatante è sicuramente quello di MtGox, exchange con una storia travagliata fatta d'inchieste, hacking e fallimenti. Durante gli attacchi hacker subiti, la società perse circa 850'000 bitcoin, che se rapportati al valore odierno in USD di bitcoin fanno oltre 8 miliardi di dollari.
L'ultimo grande attacco noto a un exchange è avvenuto a maggio 2019 nei confronti di Binance.
Vennero sottratti 7000 bitcoin in un'unica transazione senza che l'exchange se ne accorgesse!

La stampa tende, volutamente o per semplice ignoranza, ad associare questi attacchi e queste perdite a una presunta mancanza di sicurezza del network Bitcoin. Ciò è assolutamente falso perché, come abbiamo detto, ad essere attaccati furono e sono tutt'ora gli exchange, sistemi centralizzati esposti agli stessi identici rischi degli istituti di credito, oppure gli utenti, non la rete Bitcoin.

Per tutte le situazioni esposte sopra vale il detto: ***"non le tue chiavi, non i tuoi bitcoin"***.

L'utente che si approccia a Bitcoin ha necessità di comprendere che i fondi vengono gestiti interamente da lui e non da un ente terzo. Siamo la nostra banca e dobbiamo mettere in sicurezza il nostro denaro.

Sull'attacco fisico c'è ben poco da dire: proteggete sempre voi stessi e i vostri cari, prima ancora del vostro denaro.
L'unico suggerimento che mi sento di darvi è di utilizzare uno specchietto per le allodole: lasciate pochi fondi su un paper wallet e mettetelo in un posto in cui sia facilmente raggiungibile.

Se dei malviventi dovessero mai obbligarvi a dare loro i vostri bitcoin, potrete consegnare questo paper wallet, consapevoli di non aver perso il vostro capitale.

CHE COSA SIGNIFICA BITCOIN MAXIMALIST?

La definizione "**Bitcoin maximalist**" è nata come scherno da parte di sostenitori di criptovalute alternative nei confronti di quelli che fino a poco prima venivano semplicemente definiti bitcoiner.

Vitalik Buterin, creatore di Ethereum, in un suo articolo chiamato "*On Bitcoin Maximalism, and Currency and Platform Network Effects*" – ne suggerisco la lettura perché è molto interessante – iniziava descrivendo il massimalismo Bitcoin come: "*the idea that an environment of multiple competing cryptocurrencies is undesirable, that it is wrong to launch "yet another coin", and that it is both righteous and inevitable that the Bitcoin currency comes to take a monopoly position in the cryptocurrency scene.*" [36]

"L'idea che un ambiente di molteplici criptovalute concorrenti sia indesiderabile, che sia sbagliato lanciare "l'ennesima moneta" e che sia giusto e inevitabile che la valuta Bitcoin arrivi ad assumere una posizione di monopolio nella scena della criptovaluta."

Come detto, l'articolo è molto interessante ma Vitalik, persona senza dubbio geniale, insiste su questa sovrapposizione tra la moneta bitcoin e il protocollo, generando confusione, non è dato sapere se volutamente o inconsciamente. Addirittura descrive il bitcoiner massimalista come colui che vede positivamente il monopolio di un asset all'interno di un libero mercato.

Ebbene, da quell'articolo in poi, molti bitcoiner hanno iniziato a stare al gioco e a definirsi maximalist, non perché si ritrovassero nella descrizione fornita da Vitalik, ma perché fondamentalmente non riconoscevano la necessità di infrastrutture differenti, su tutti Ethereum, sulle quali costruire il loro sogno libertario.

Però si sa, il gioco è bello finché dura poco!

Ecco dunque l'avvento di nuovi maximalist, magari divenuti tali dopo aver subito delle batoste dal mondo cripto o essere stati vittima di scam - chi non lo è stato alzi la mano, io le tengo basse assieme al capo-, che però hanno commesso l'errore di accettare la definizione data da Buterin senza studiare i motivi che spingono un utente a riconoscere la praticità di un unico protocollo sicuro per lo scambio di valore tra pari e senza terze parti affidabili.

Questo maximalism di Bitcoin non è in realtà tale: io lo definisco **BTC maximalism**, perché il focus è l'asset bitcoin anziché essere il network Bitcoin.

Dal mio punto di vista ci si dovrebbe concentrare su Bitcoin e tralasciare il resto - il cosiddetto mondo cripto - non (solo) perché l'asset bitcoin sia attualmente l'unico ad avere la possibilità di venir riconosciuto come medium globale e riserva di valore (Store of Value), ma anche, e soprattutto, perché il network Bitcoin è l'unico ad avere la possibilità di diventare uno standard nello scambio di valore tra pari SENZA terza parte affidabile.

Se analizziamo la storia di Internet, unico vero termine di paragone in ambito tecnologico rispetto a Bitcoin, vediamo che in origine effettivamente diversi sistemi, ognuno con le sue regole, i suoi protocolli, entrarono in competizione tra loro. In questa "guerra fredda" tra standard, chi vinse secondo voi?

Non le reti delle corporation, permissioned e centralizzate, ma la rete globale open source e permissionless che oggi conosciamo come Internet.

Ma come ha fatto un sistema non imposto a prevalere su sistemi forse più efficienti perché gestiti prevalentemente da un'unica entità, fosse essa un'azienda o un consorzio?

Più che cercare la pura efficienza del sistema in termini di velocità e capacità si è data priorità all'efficienza delle comunicazioni e a quella che sarebbe diventata lo scopo dell'esistenza stessa di una rete d'interconnessioni globale: la condivisione.

Si avevano dunque da una parte reti intra-corporation, altamente efficienti, rapide ma "chiuse", e dall'altra reti di ricerca lente ma in comunicazione tra di loro perché aperte, disposte a venirsi incontro per definire standard di comunicazione comuni.

Fu così che il secondo prevalse e nacque la suite di protocolli Internet che ancora oggi utilizziamo, chiamata TCP/IP, dove IP indica il protocollo Internet come base layer (appena sopra l'infrastruttura di rete fisica), e TCP il protocollo di comunicazione principale, ossia l'insieme di regole che definiscono come devono essere gestiti i pacchetti dati condivisi dai nodi della rete.

Dunque abbiamo visto che **ha prevalso lo standard più aperto, che non si basava sull'adozione forzata bensì sulla condivisione di intenti.**

Internet è solo un esempio che dimostra come l'essere umano tenda a convergere su degli standard ben definiti; questa convergenza e condivisione d'intenti è alla base della comunicazione.

La stessa cosa accade con la lingua: pur essendoci molteplici linguaggi nel mondo, quando abbiamo a che fare con una persona che non comprende la nostra lingua madre tendiamo a cercare un nuovo medium per poter comunicare, sia esso una lingua franca, tipicamente l'inglese e le altre lingue di larga diffusione, o il linguaggio dei gesti.

E indovinate un po' dove possiamo osservare la stessa tendenza a convergere verso degli standard?
Esatto, negli scambi economici.
L'oro è il medium per eccellenza, universalmente riconosciuto come bene scarso pregiato, ma anche quando abbiamo a che fare con le monete fiat il

discorso non cambia.

Prendiamo l'Euro: tanti paesi diversi, con condizioni economiche differenti, hanno deciso di aderire a un unico standard monetario al fine di facilitare gli scambi all'interno dell'Unione Europea. Peccato però che, per quanto migliore rispetto ai modelli precedenti, questo non sia un buon standard, proprio perché imposto agli operatori dell'economia europea, ossia i singoli individui, e non frutto di una convergenza di intenti tra i singoli.

Possono dunque esistere diversi protocolli per lo scambio di valore senza terza parte affidabile che siano in competizione tra loro?

Certo che possono esistere, ma, molto probabilmente, ne rimarrà soltanto uno e costituirà il cosiddetto settlement layer degli scambi di valore su Internet.

LE CARATTERISTICHE FONDAMENTALI DI UN PROTOCOLLO DI BASE DI TIPO TRUSTLESS

Un protocollo base per lo scambio di valore senza terza parte affidabile deve avere caratteristiche simili a quelle che hanno definito il protocollo per l'interconnessione globale e quello per lo scambio dei pacchetti di dati, anch'essi senza terza parte affidabile:

- (costante) decentralizzazione
- (tendenza alla) immutabilità
- Sicurezza
- Scalabilità/resilienza
- Consenso

In questo momento l'unico sistema in grado di soddisfare queste caratteristiche è Bitcoin.

Amici sostenitori di Ethereum, purtroppo quest'ultimo non è un sistema utile a costruirci sopra, proprio perché viola tutte le caratteristiche sopra elencate.

Ripple? Manca di decentralizzazione e dunque immutabilità e sicurezza, per non parlare del consenso, ma è altamente scalabile. Può essere un buon base protocol per lo scambio di valore senza terza parte? No, proprio per la mancanza delle altre caratteristiche necessarie.

Monero e Litecoin? Si avvicinano, ma le criticità sono tali per cui, qualora le reti saturassero, si avrebbe mancanza di decentralizzazione per via della dimensione che le loro blockchain acquisterebbero (per Litecoin a causa della grandezza dei blocchi, per Monero a causa dell'architettura del codice orientato alla fungibilità onchain).

Confronto tra TCP/IP e LNP/BP

Prima di arrivare alla definizione di LNP/BP come suite di protocolli per lo scambio di valore tra pari, vediamo come è composta la tecnologia che invece ci permette di scambiare informazioni (dati) e che viene genericamente definita Internet.

Internet viene sovente visualizzato come una struttura a livelli: si è soliti definire questa struttura **TCP/IP suite** o stack.

L'Internet Protocol suite fu ideato da Vinton G. Cerf e Robert E. Kahn [37] mentre lavoravano a un progetto di sviluppo dei sistemi di comunicazione finanziato dalla Defense Advanced Research Project Agency (DARPA). Lo scopo fu realizzare uno standard universale costituito da una serie di protocolli di comunicazione utili allo sviluppo di reti a commutazione di pacchetto. Nacque la suite TCP/IP, utilizzata ancora al giorno d'oggi.

Analizziamola brevemente.

APPLICATION LAYER

HTTP, IMAP, POP, NTP, SMB,
Whois, eDonkey, BitTorrent, etc.
... and Bitcoin

TRANSPORT LAYER
TCP, UDP, FCP, SCTP

INTERNET SETTLEMENT
(OR BASE) LAYER
Ip (Internet Protocol): eg. 192.168.1.1

PHYSICAL NETWORK ACCESS
Cable, Ethernet, Wifi, Satellite, ecc.

PHYSICAL NETWORK ACCESS rappresenta l'insieme di collegamenti fisici (mezzi di trasmissione) tra i nodi della rete, sui quali viaggiano fisicamente le sequenze di bit, convertite in segnali elettrici.

Lo strato fisico fornisce un'interfaccia elettrica, meccanica e procedurale al mezzo di trasmissione. [38]

INTERNET SETTLEMENT (OR BASE) LAYER stabilisce i collegamenti logici tra i nodi della rete. L'Internet Protocol identifica i nodi attraverso indirizzi IP (es. 192.168.1.1) e invia pacchetti di dati dalla fonte al destinatario. Il livello Internet può essere definito agnostico, in quanto instrada i pacchetti attraverso strutture fisiche differenti (ethernet, cavo coassiale, wifi, ecc.) e non fa distinzione rispetto ai livelli sopra di esso, indirizzando e instradando dati per protocolli di trasporto e applicazione differenti.

TRANSPORT LAYER stabilisce i canali di dati utilizzati dalle applicazioni. Il protocollo di trasporto può occuparsi di controllo degli errori, segmentazione dei pacchetti, controllo del flusso con ordinamento dei pacchetti, controllo della congestione e indirizzamento dell'applicazione tramite il numero di porta. Il protocollo di trasporto più utilizzato è il TCP, orientato alla connessione (flusso di Byte). Grazie al protocollo TCP:

- i dati arrivano in ordine
- i dati hanno un errore minimo
- i dati duplicati vengono eliminati
- i pacchetti persi o scartati vengono reinviati

include il controllo della congestione del traffico. [39]

TCP non riceve informazioni riguardo gli indirizzi IP. Il compito di TCP è ottenere dati a livello di applicazione da un'applicazione all'altra in modo affidabile. Il compito di ottenere dati da un computer all'altro è dell'Internet Protocol. [40]

APPLICATION LAYER raggruppa al suo interno tutte le applicazioni che utilizzano di base i protocolli contenuti nella suite TCP/IP in aggiunta ai protocolli utilizzati dalle stesse applicazioni, che ne definiscono il funzionamento e l'eventuale connessione con altre applicazioni.

Esempi di protocolli a livello di applicazione includono Hypertext Transfer Protocol (HTTP), File Transfer Protocol (FTP), Post Office Protocol (POP), Simple Mail Transfer Protocol (SMTP), ma anche BitTorrent (BT) e Bitcoin (BP).

Possiamo ora analizzare come Bitcoin si sia evoluto da applicazione dell'Application Layer basata su un protocollo di condivisione client/server di tipo P2P fino a costituire un vero e proprio settlement layer che presenta caratteristiche di decentralizzazione e "agnosticismo" analoghe a quelle dell'Internet Protocol.

Possiamo disporre Bitcoin in una struttura a stack (o layer) simile a quella della suite TCP/IP tralasciando per il momento il PHYSICAL NETWORK ACCESS LAYER.

APPLICATION LAYER

RGB, Discreet Log Contracts, Storm

TRANSPORT LAYER
Lightning Network Protocol (LNP)

BITCOIN SETTLEMENT (OR BASE) LAYER
Bitcoin Protocol (BP):
e.g. address 36R4qFsySb73YnRWcAUj3vjfsR5Z34mgPj

PHYSICAL NETWORK ACCESS
Cable, Ethernet, Wifi, Satellite, ecc.

BITCOIN SETTLEMENT (OR BASE) LAYER stabilisce i collegamenti logici tra i nodi della rete nonché le regole di base del network e la politica monetaria. Il Bitcoin Protocol identifica i nodi attraverso indirizzi pubblici Internet (IP) o onion (Tor) e i portafogli attraverso indirizzi pubblici (es.

36R4qFsySb73YnRWcAUj3vjfsR5Z34mgPj) calcolati tramite funzioni di hash crittografici partendo da chiavi pubbliche, a loro volta calcolate per mezzo di una moltiplicazione a curva ellittica (ECDSA), e conserva le transazioni di valore che avvengono tra fonte e destinatario tramite una catena di blocchi di transazioni che adotta il modello UTXO.

Il livello Bitcoin può essere definito agnostico, in quanto instrada le transazioni attraverso implementazioni software differenti e non fa distinzione rispetto ai livelli sopra di esso, indirizzando e instradando transazioni per protocolli di trasporto e applicazione differenti.

TRANSPORT LAYER stabilisce i canali di pagamento utilizzati dalle applicazioni. Il protocollo di trasporto Lightning Network si occupa, tra le altre cose, della creazione di canali di pagamento bidirezionali tra pari, creazione di Hashed Timelock Contracts, Decrementing Timelocks, Payment Routing e mantenimento dei Channel States. [41]

APPLICATION LAYER raggruppa al suo interno tutte le applicazioni che utilizzano di base i protocolli contenuti nella suite LNP/BP in aggiunta ai protocolli utilizzati dalle stesse applicazioni, che ne definiscono il funzionamento e l'eventuale connessione con altre applicazioni.
Esempi di protocolli a livello di applicazione includono RGB, Discreet Log Contracts [42] e Storm. [43]

Ricapitolando, **così come i nostri pacchetti dati viaggiano su dei second layer del protocollo IP, su tutti il protocollo TCP, possiamo utilizzare dei second layer per il "trasporto" del nostro valore**: LNP (Lightning Network Protocol) e affini.

Visualizzare Bitcoin come network strutturato sotto forma di stack LNP/BP è utile a comprendere le funzionalità dei vari protocolli e soprattutto a sviluppare soluzioni "on top of Bitcoin (Protocol)" senza la necessità di ridefinire costantemente i protocolli di base o crearne di nuovi per gli scambi di valore senza terza parte affidabile.

Ne consegue l'inutilità della creazione di nuove blockchain in competizione con Bitcoin Protocol a meno che non si voglia ridefinirne solamente la politica economica.

In questo caso, in bocca al lupo e scelga il Consenso.

Se non ridefiniamo costantemente i protocolli di base, dal momento che abbiamo già la decentralizzazione e la (tendenza alla) immutabilità che ci serve, e ci concentriamo sulla creazione di applicazioni e transaction layer differenti, possiamo finanche realizzare il sogno libertario Austrian: avere delle monete "private" per l'utilizzo nel libero mercato, utilizzabili come cash, senza terza parte affidabile. Sono i cosiddetti token, trasferibili on top of the base layer, quindi non su blockchain, come invece avviene ad esempio con Ethereum.

Non solo monete: potremo avere semplici coupon (utility token) ma anche security (con gestione automatica dei dividenti) senza toccare il Base Layer, affidandoci esclusivamente a soluzioni su Application Layer.

Ridefinizione dell'unità monetaria

Riconosciuto Bitcoin (o meglio LNP/BP) come l'unica suite di protocolli d'interconnessione affidabile tra utenti desiderosi di scambiare del valore digitale scarso senza ricorrere a terze parti centralizzate, è necessario ora risolvere un problema semantico.

Come facciamo ad evitare la confusione creata dall'omonimia tra l'asset (bitcoin) e il sistema (Bitcoin)?

Un primo step potrebbe essere quello di chiamare bitcoin (asset) con la sua sigla (ticker) utilizzata nel mercato: **BTC**.

Rimane però un altro elemento di confusione, descritto sempre in precedenza: questi BTC sono troppo pochi e troppo cari!

Inoltre non sono per niente adatti ai micropagamenti, ossia la stragrande maggioranza delle transazioni monetarie tra individui.

Occorre dunque un'altra unità di misura che fortunatamente esiste già ma che ha guadagnato il suo nome solo in seguito alla scomparsa dell'ideatore del progetto Bitcoin: **il satoshi** (sat).

Cestiniamo tutte le varie unità intermedie, quali ad esempio il bit (1 milionesimo di bitcoin, o 100 satoshi) e il mBTC (1 millesimo di bitcoin o 0,001 BTC) e riappropriamoci delle unità di base, da sempre più comprensibili per l'utilizzatore medio.

CHE COS'È UN REORG?

Bitcoin è una tecnologia creata per permettere transazioni monetarie digitali tra due entità senza ricorrere a terze parti affidabili.

Per farlo utilizza, tra le altre cose, una catena di blocchi al fine di tener traccia delle transazioni ed evitare che qualcuno spenda due volte lo stesso denaro.

Si è portati a pensare che la blockchain sia un registro immutabile e questa idea si è diffusa al punto tale da ipotizzare sistemi che ne facciano uso senza però ricorrere a un qualche tipo di transazione monetaria.

Si è addirittura diffusa l'idea che il concetto d'immutabilità valga per qualunque blockchain, indipendentemente dal numero di nodi, dall'algoritmo di mining utilizzato (PoW, PoS, DPoS, ecc.) e dalla "potenza" messa a disposizione dai minatori e dai validatori.

Di fatto, **nessuna blockchain è immutabile, neanche quella di Bitcoin.**

L'immutabilità è una caratteristica a cui si tende senza mai raggiungerla del tutto: il modo in cui si cerca di avvicinarvisi è ciò che ci permette di distinguere una blockchain funzionale, utile, da una inutile.

Quella di Bitcoin è la catena di blocchi tecnicamente più sicura e dunque quella che più di tutte tende all'immutabilità.

Oltre alla (tendenza alla) immutabilità, un altro parametro da considerare quando si cerca un sistema di timestamp a blocchi (aka blockchain) funzionale è la neutralità dello stesso, il suo agnosticismo, come detto nel capitolo *Confronto tra TCP/IP e LNP/BP.*

Quindi: **tecnologia neutra, tendente all'immutabilità.**

La neutralità è raggiungibile quando le regole del gioco vengono stabilite prima della partenza e non si modificano durante la partita, anzi si lavora per tenerle ben salde, proprio come fa un arbitro durante un match di calcio.

L'arbitro, nel caso di Bitcoin, è il codice. Ma ricordiamoci che questo è scritto da degli esseri umani, che sono fallibili e commettono errori, perciò potrebbe essere necessario mettervi mano al fine di preservare le regole iniziali, facendo in modo che il codice lavori come dovrebbe.

In alcuni casi "l'immutabilità" della blockchain di Bitcoin potrebbe essere messa a rischio da un reorg volontario (o "coordinato").

Un **reorg** è un evento a dire il vero comune per Bitcoin, quando non è dovuto alla volontà di un attaccante: con "reorg" (o riorganizzazione della blockchain) si intende solitamente l'evento in cui un client scopre una nuova blockchain correttamente formata e più lunga della sua blockchain di riferimento ed esclude uno o più blocchi che il client pensava facessero parte della blockchain principale. Questi blocchi esclusi diventano orfani.

In sostanza: io utente ho sul mio PC un full node Bitcoin, il mio client si accorge che la blockchain che sta seguendo è più corta di quella seguita dalla maggioranza dei nodi, quindi smette di seguirla e passa a quella più lunga. Di conseguenza, se quella che seguiva ha ricevuto delle transazioni successive allo split, queste verranno considerate non valide.

Se vi ricordate abbiamo parlato di un evento simile nel capitolo *Cosa succede ai minatori che perdono la gara?*.

In quel capitolo si è detto che i minatori ricevono il blocco contenente la soluzione fornita dal minatore che si suppone essere il vincitore e lo verificano, come tutti gli altri full node.
Se il blocco è valido, smettono immediatamente di lavorare sulla soluzione al problema precedente e iniziano a lavorare su un nuovo problema, contenuto all'interno di questo nuovo blocco.
Se però non si dovessero accorgere in tempo della presenza di una soluzione

valida, continuerebbero il loro lavoro sul blocco corrente.

Può succedere, in questo caso, che un minatore scopra la soluzione dopo il primo minatore; invierà il suo blocco candidato alla rete e questa lo rigetterà. Il suo client si renderà conto di aver minato su una catena più corta, perché quella principale nel frattempo è andata avanti e i minatori si sono messi a lavorare su di essa.

Accetterà dunque la sconfitta e comprenderà che i bitcoin che si è assegnato come subsidy non sono validi, così come non lo sono le fee contenute nelle transazioni; il blocco da lui scoperto diverrà "**orfano**" e si metterà a lavorare sulla blockchain più lunga.

Può succedere però che qualcuno tenti un reorg volontario della catena, al fine di invalidare delle transazioni e assegnarsi dei bitcoin che non gli spettano.

Prendiamo questa situazione in cui ogni riferimento è puramente casuale: un exchange che chiameremo "Finance" subisce il furto di qualche migliaio di bitcoin, a causa delle sue inefficienti misure di sicurezza.

Questi bitcoin rubati vengono utilizzati dall'hacker per i motivi più disparati: comprarsi una Lambo, pagare un caffè, conservarli per il futuro.

Insomma, fanno parte del sistema e vengono utilizzati in qualche transazione.

Il proprietario di Finance, tale BhangQeng Vhao (BV), ottiene un suggerimento da un programmatore che ha lavorato su Bitcoin:

"se riveli le tue chiavi private per le monete hackerate ... puoi coordinare un reorg in modo decentralizzato e a costo zero per te e annullare il furto."

BV pensa sia un'ottima idea modificare il registro dell'intero network per annullare il furto e riparare a un errore fatto dal suo exchange.

Che sarà mai?!

Tecnicamente è possibile: si tratta di convincere la maggioranza delle mining pool, e quindi dei minatori a esse collegate, a lavorare su una blockchain alternativa a quella principale. I minatori dovrebbero mettersi a minare la blockchain più corta, quella in cui i bitcoin non sono stati sottratti a Finance e spostati dall'hacker.

Insomma, dovrebbero riscrivere la storia.

Certo, per farlo dovrebbero avere un qualche incentivo economico. Qualche minatore dovrebbe infatti rinunciare al subsidy ottenuto grazie ai blocchi successivi al furto, più tutte le fee.

Immaginiamo che il furto sia avvenuto alle ore 8.00 del mattino e che BV proponga il reorg alle ore 12.00.

Sono passate 4 ore, approssivamente 23 blocchi da quello che consideriamo per il momento il blocco 0, il blocco contenente la transazione "furto".

I miner, dopo il blocco 0, hanno ottenuto 287,5 bitcoin, senza considerare le commissioni sulle transazioni.

Se il singolo bitcoin vale 10,000 USD, fanno in totale 2,875,000 USD di sudbsidy.

Per un reorg che annulli la transazione del ladro va riorganizzato anche il blocco che la contiene, quindi i miner devono lavorare su 24 blocchi, rinunciando a 300 bitcoin, fee escluse, ossia a un controvalore in USD di 3 milioni.

BV deve fare in fretta a convincere i minatori: ogni 10 minuti circa un blocco si aggiunge alla catena, quindi i costi aumentano rapidamente!

È logico pensare che il proprietario di Finance possa impiegare qualche giorno per organizzare un evento reorg di portata globale: pur avendo la possibilità di contattare direttamente le mining pool, si tratta di fare in modo che i minatori che vi si appoggiano siano effettivamente favorevoli a questa iniziativa. Tutti quanti vedrebbero i loro compensi annullati, e rimarrebbero con la sola speranza che dopo il reorg la mining pool distribuisca i nuovi premi.

Se passasse qualche giorno, come è effettivamente probabile, BV dovrebbe convincere i minatori con un incentivo di qualche migliaia di bitcoin, forse addirittura superiore a quanto è stato rubato dal suo exchange!

Immaginiamo che ci riesca e che convinca la stragrande maggioranza delle pool a minare una versione della catena priva della transazione "furto".

Il singolo bitcoin, asset di un sistema monetario non più resistente alla censura, perderebbe drasticamente valore: il crash (economico) sistemico porterebbe i miner a rimanere con in mano un pugno di inutili oggetti digitali da collezione.

Quindi avrebbero rinunciato a dei bitcoin ottenuti con estrema fatica, utili a ripagare la spesa da loro sostenuta in termini di elettricità per il lavoro e per la dissipazione del calore generato, usura dei macchinari, lavoratori dipendenti, ecc. e a trarre un profitto e in cambio hanno ottenuto dei bitcoin sempre validi ma che ormai difficilmente avranno un valore economico perché il sistema ha perso una delle caratteristiche di base a cui ha sempre teso, la non reversibilità delle transazioni.

Quindi qualunque reorg è un male per Bitcoin?

Abbiamo detto che la tecnologia è concepita per essere neutra e tendente all'immutabilità. Abbiamo anche affermato che l'arbitro è il codice e non la volontà degli individui che intendono modificare il sistema per interessi personali.

Questo codice però, essendo scritto da umani, può risultare in qualche modo fallato.

Immaginiamo che un attaccante scopra un errore nel codice che gli permette di creare dal nulla qualche milione di bitcoin.

Le regole del gioco affermano che non è possibile creare più bitcoin di quanto previsti per ogni blocco, che questo ammontare si dimezza ogni quattro anni dall'avvio della "partita" e che c'è un limite alla creazione di nuove monete (i famosi 21 milioni di bitcoin).

Se una falla permettesse di violare queste regole iniziali allora avremmo un problema. La community di sviluppatori dovrà mettersi all'opera e far sì che il codice rispetti le regole per cui è stato disegnato.

Mettiamo che l'attaccante abbia effettivamente applicato la sua scoperta e generato dunque 40 milioni di bitcoin, ma potrebbero essere anche 1 satoshi in più del premio previsto. Questi bitcoin potrebbero essere usati per compiere delle transazioni.

È giusto dunque spingere per un reorg della blockchain che annulli queste transazioni, dopo che si è provveduto a rilasciare un codice nuovo, senza bug?

Dal mio punto di vista un reorg volontario è sempre sbagliato ma c'è chi sostiene che, in questo caso, si tratterebbe un "ripristino alle condizioni di fabbrica", ossia a un codice che fa quello per cui è stato creato.
Si tratterebbe in definitiva di un errore da correggere, non di una modifica soggettiva, frutto di una scelta politica.

Prendiamo l'esempio di una partita di carte: uno dei giocatori nasconde nella manica dei jolly che decide di giocare quando gli conviene.
Le carte sono più di quelle iniziali e le regole vengono violate per opera di un attaccante, anche se in definitiva l'errore è del banco che non ha impedito per tempo al baro di iniziare la sua mano.

Nell'esempio iniziale invece, si tratta di un'iniziativa che non ha a che fare con la preservazione delle regole del network ma con interessi personali che pongono la community di fronte a una scelta politica.

Durante la storia di Bitcoin sono stati scoperti diversi bug, tre dei quali decisamente critici.

Nel 2010 fu scoperto un bug nel blocco 74638 che ha portato alla creazione di 184,467,440,737.09551616 bitcoin verso tre indirizzi.
Dopo cinque ore dalla scoperta, Satoshi Nakamoto rilascio una patch (un soft fork) che andava a inserire una modifica alle regole del network: qualsiasi transazione con più di 21 milioni di bitcoin sarebbe stata d'ora in poi rifiutata dal network.

All'epoca il singolo bitcoin aveva conquistato da poco un valore economico e non ci furono conseguenze per gli utilizzatori.

Nel 2013 la blockchain si divise di nuovo per via di un altro bug. La situazione fu riportata alla normalità circa 6 ore dopo e ci fu un unico double spending attack ai danni di OKPay.

Nel 2018 un ennesimo bug critico fu scoperto da uno sviluppatore di Bitcoin Cash e comunicato ai principali sviluppatori di Bitcoin Core, i quali rilasciarono una patch dopo 5 ore.

Il Consenso decise nel 2010 di far continuare la catena le cui regole economiche erano quelle stabilite in origine, annullando di fatto le transazioni che non rispettavano il limite dei 21 milioni di bitcoin, e nel 2013 di effettuare un rollback a una versione precedente del protocollo.

Se quei reorg non fossero stati realizzati, non è dato sapere quali sarebbero state le conseguenze in termini di affidabilità futura del sistema e di valore economico dell'asset e se un tentativo di reorg di questo tipo accadesse ora, non sappiamo quali potrebbero essere le conseguenze in termini di Consenso e di valore dell'asset bitcoin.

Fortunatamente i due eventi sono avvenuti in una fase iniziale della storia di Bitcoin, in cui l'asset non aveva ancora un importante valore economico e in cui il numero di nodi era estremamente ridotto.

QUALI SONO LE PRINCIPALI CRITICITÀ DI BITCOIN?

Bitcoin è un sistema innovativo e decentralizzato, non solo nella gestione nei nodi ma anche a livello di sviluppo.

Il suo essere open source fa sì che chiunque possa lavorare su di esso e proporre in seguito alla community eventuali modifiche al protocollo.

Alcuni denigratori del sistema, che solitamente parteggiano per sistemi alternativi e decisamente meno decentralizzati e neutrali, sostengono che una sorta di lobby di programmatori si sia "appropriata" del progetto e lo spinga nella direzione da loro stabilita.

Questo punto di vista nasce da un equivoco: **Bitcoin è una rete decentralizzata ma esistono limitate implementazioni software** che ne permettono l'utilizzo in accordo con il protocollo base.

La principale di queste implementazioni è Bitcoin Core, creata dallo stesso Nakamoto.

Dalla scomparsa di Nakamoto, ma a dire il vero ancor prima, la gestione dello sviluppo di Bitcoin Core è stata affidata ad alcuni programmatori e a un lead maintainer, ad oggi Wladimir J. van der Laan. Per una panoramica completa su come funzioni lo sviluppo di Bitcoin Core, vi consiglio di leggere l'articolo *Who Controls Bitcoin Core?* di Jameson Lopp. [22]

Core non è però Bitcoin.

Come detto, chiunque, nel rispetto del protocollo di base, può sviluppare un suo software full node.

Soprannominare il sistema "Bitcoin Core", è un chiaro tentativo di confondere gli utenti cercando di convincerli di una presunta centralizzazione del sistema.

Ricordatevi che, anche presupponendo che una centralizzazione nello sviluppo di Bitcoin esista, sono i nodi ad avere il "diritto di voto" finale. Ad ogni aggiornamento, chiunque possiede un nodo può decidere se si trova d'accordo con la nuova implementazione e se supportare i cambiamenti installandola.
Bitcoin è un sistema ancora relativamente giovane e in pieno sviluppo ma, con il passare del tempo e dei blocchi, diventa sempre più solido.

Lungi dall'essere perfetto!

Sono presenti ancora delle criticità; alcune riguardano la scalabilità onchain del sistema, che verrà nel tempo migliorata, altre la sua esposizione a possibili attacchi, alcune il protocollo di mining dei blocchi e altre ancora la decentralizzazione del suo sviluppo.

In questo libro abbiamo verificato che il modello economico alla base di Bitcoin scoraggia gli attacchi alla rete (ad es. un reorg volontario con la complicità di oltre la metà dei minatori) che, se pur possibili, costituirebbero una scommessa a perdere: un sistema Bitcoin sensibile a questi attacchi vedrebbe la sua moneta perdere drasticamente valore e i minatori attaccanti rischierebbero di rimanere con un pugno di inutili oggetti digitali da collezione (collectibles) in mano.

Possiamo dunque dedurre che più il sistema si rafforza in termini di potenza di calcolo impiegata dai minatori (hashrate), di numero di minatori e di controvalore monetario dell'asset bitcoin, meno è probabile che attacchi coordinati verso di esso abbiano effetto.

Per quanto riguarda la scalabilità onchain, ossia la possibilità di aumentare il numero di transazioni effettuabili su blockchain, sono allo studio diverse soluzioni.

Seppure le soluzioni second layer come Lightning Network siano ritenute dai più la corretta via per aumentare esponenzialmente il numero di transazioni del sistema, è altresì vero che queste dovranno necessariamente essere accompagnate da sistemi di scaling su blockchain.

L'introduzione di SegWit ha aperto la strada a Lightning Network e, come piacevole effetto collaterale, "alleggerito" le transazioni onchain, ma non basta.

Sono dunque in fase di sviluppo importanti modifiche al protocollo di base che costituiranno, negli anni a venire, l'ossatura sulla quale future soluzioni di scaling verranno implementate:

- Le **Schnorr signatures**, proposte dal co-fondatore di Blockstream Pieter Wuille, che permetterebbero a vari partecipanti di produrre un'unica firma aggregata con un'unica chiave pubblica;
- **Merkelized Abstract Syntax Trees (MAST)**, proposta dallo sviluppatore Bitcoin Core Dr.Johnson Lau, che ridurrebbe la grandezza degli smart contract su blockchain;
- **Taproot**, che combinerebbe questi due miglioramenti per migliorare la privacy delle singole transazioni Bitcoin.

"Taproot to make all outputs and cooperative spends indistinguishable from each other. Merkle branches to hide the unexecuted branches in scripts. Schnorr signatures enable wallet software to use key aggregation/thresholds within one input."
Pieter Wuille

Un ulteriore step tecnologico sarà dato dal tanto vituperato aumento della dimensione dei blocchi di Bitcoin.

Ricordiamoci che il limite al peso del singolo blocco è una misura imposta ma di buon senso, atta a preservare la decentralizzazione del sistema stesso. Come abbiamo precedentemente visto, un aumento delle dimensioni senza opportuni ed evidenti miglioramenti tecnologici, tra cui l'ampliamento della capacità di memorizzazione degli hard disk e l'aumento della capacità e della banda disponibile (throughput) delle connessioni degli utenti, comporterebbe una rapida centralizzazione del sistema perché meno individui sarebbero in grado di mantenere dei full node attivi. Il numero dei nodi si concentrerebbe inizialmente nelle zone del mondo tecnologicamente più avanzate riducendosi in quelle con più alte barriere tecnologiche. Si finirebbe poi con una pericolosa "professionalizzazione" della validazione dei blocchi di Bitcoin e il sistema perderebbe il suo scopo principale.

Quindi **si potrà procedere con un aumento della grandezza dei blocchi quando sarà scongiurata qualsiasi minaccia alla decentralizzazione.**

Analizziamo ora le criticità che riguardano il mining di Bitcoin.

Ad oggi gran parte dei minatori cooperano tra di loro per mezzo di pool: più la difficoltà aumenta e più lo fa in tempi brevi, maggiore è questa tendenza alla cooperazione. Come abbiamo visto nel capitolo dedicato al mining, al singolo minatore conviene minare insieme ad altri perché da solo le sue probabilità di scoprire la soluzione che gli permette di chiudere il blocco sono estremamente remote: è meglio risolvere tanti piccoli problemi per volta e comunicare il risultato alla pool, piuttosto che tentare di risolvere tutto da solo.

Il problema sta nel fatto che, in linea teorica, chi possiede il controllo della pool potrebbe dirottare la potenza di calcolo del sistema per scopi personali: sostenere questa o quella versione del protocollo (fork), collaborare con altri grandi attori per riscrivere la storia delle transazioni (reorg volontari), e così via.

Stratum V1, il protocollo di mining usato dalla stragrande maggioranza delle pool, offre quindi ai gestori delle stesse una posizione relativamente potente. Non solo sono responsabili della distribuzione dei premi ai minatori, ma hanno potere decisionale su quali transazioni includere nei blocchi candidati, nonché su quale versione del protocollo Bitcoin utilizzare. [44]

Sono dunque in fase di studio delle soluzioni che permetterebbero di ridurre drasticamente l'impatto che questa gestione cooperativa ha sulla decentralizzazione del mining di Bitcoin.

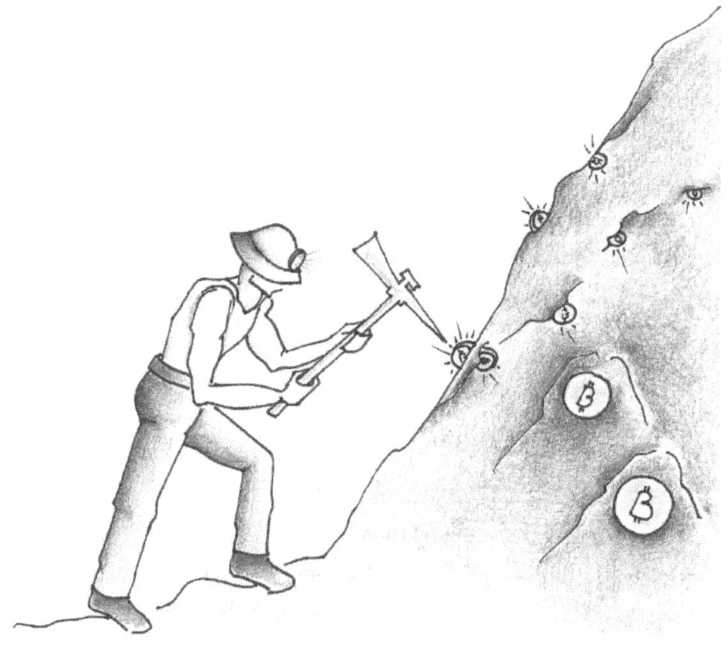

Betterhash

Betterhash, soluzione sviluppata da Matt Corallo, è stata pensata al fine di ridurre la posizione dominante degli operatori delle pool: se implementata permetterebbe ai singoli minatori di costruire da soli i loro blocchi candidati, decidendo in autonomia quali transazioni includere, nonché di mantenere dei full node, con conseguente possibilità di scegliere quale versione del protocollo Bitcoin supportare.

Betterhash fornirebbe dunque più efficienza, sicurezza e decentralizzazione alle mining pool. [45]

Secondo alcuni, la soluzione proposta da Matt Corallo non eliminerebbe del tutto il potenziale abuso di posizione dominante da parte degli amministratori delle pool: questi potrebbero ancora forzare i minatori a censurare alcune transazioni con la minaccia di non ricevere dei premi qualora non lo facessero.
Detto questo, un miner sotto minaccia da parte di un amministratore potrebbe semplicemente cambiare pool.

Stratum V2

Braiins, la compagnia dietro Slush Pool, ha annunciato da poco la seconda versione di Stratum, Stratum V2.

Si tratta di una soluzione ispirata a Betterhash, che risolve molte delle problematiche della versione 1 oltre ad alcune criticità della proposta di Matt Corallo.

In un'intervista rilasciata a Bitcoin Magazine, il co-CEO di Braiins Pavel Moravec ha spiegato che:

"Stratum V2 permetterebbe agli operatori di pool di verificare in modo asincrono la validità dei nuovi modelli di blocco. Non appena un minatore invia un blocco candidato alla pool, può immediatamente iniziare a eseguire l'hashing. Nel frattempo, l'operatore della pool inizia a controllare tutti i nuovi blocchi candidati.

Se in seguito un modello di blocco viene ritenuto non valido, i premi dei minatori possono essere modificati di conseguenza. Quindi i miner hanno un incentivo a lavorare su blocchi adeguati e fornire tutti i dati in modo tempestivo. Tuttavia, possono continuare a lavorare sui loro blocchi candidati senza alcun ritardo."

Stratum V2 introdurrebbe anche altri miglioramenti in ambito sicurezza, efficienza e flessibilità. Dopo numerosi test interni e prove su Slush Pool, Braiins sottoporrà la sua soluzione alla community pubblicando una Bitcoin Improvement Proposal (BIP).

Terminiamo spendendo due parole sulla decentralizzazione dello sviluppo di Bitcoin.
Pur considerando che, come detto, lo sviluppo di Bitcoin è in mano alla libera iniziativa di programmatori sparsi per il mondo, è anche vero che, se osserviamo quali implementazioni dei software full node sono più utilizzate, Bitcoin Core risulta essere la più diffusa, presente sul 97% circa dei nodi. [46]

Le implementazioni di Lightning Network, che ci permettono di configurare nodi LN e interagire attivamente con la rete sono, nel loro sviluppo e utilizzo, più decentralizzate di quelle destinate al base layer Bitcoin.

In poco più di un anno dallo sviluppo della mainet di Lightning Network abbiamo a disposizione ben otto implementazioni:

1. LND (go)
2. c-lightning (c)
3. Eclair (scala)
4. Electrum (python)
5. Ptarmigan (c)
6. BLW (scala)
7. Rust-Lightning (rust)
8. Lpd (rust)

Ritengo dunque opportuno che il lavoro su versioni alternative a Bitcoin Core continui senza sosta, per il bene dello stesso base layer Bitcoin: maggiori versioni a disposizione riducono la probabilità che si presentino bug critici e che attacchi di tipo Ddos su Bitcoin Core possano mettere in pericolo la decentralizzazione della rete.

Appendice I - Best Practices

Non ti fidare, verifica!
Verifica sempre che il software che utilizzi per la gestione dei tuoi bitcoin
faccia quello che dice di fare. Preferisci soluzioni open source a software
proprietari, proprio perché queste possono venir testate da sviluppatori
indipendenti.

Non condividere mai le tue chiavi private, per nessuna ragione e con
nessuna persona. Non le tue chiavi, non i tuoi bitcoin.

Non conservare la tua ricchezza su un wallet custodial o altro servizio di
terze parti: non possiedi le chiavi private degli indirizzi pubblici e il sistema è
sottoposto alle criticità dei sistemi centralizzati classici.
Trasferisci il grosso dei tuoi fondi su un portafoglio offline (cold wallet)
conservato con cura e al riparo da attacchi esterni.

Stai alla larga dagli schemi Get-rich-quick, in cui si promettono forti
guadagni e in tempi brevi: questi includono i famosi schemi Ponzi (o schemi
piramidali), in cui ad arricchirsi è chi sta al vertice della piramide e sfrutta gli
investimenti di chi si trova sotto, promettendo loro lauti guadagni ma di fatto
ridistribuendo solo parte del denaro in arrivo dai nuovi affiliati.

Non investire mai più di quello che sei disposto a perdere. Vale per
qualunque ambito, non solo per una tecnologia ancora nuova come Bitcoin.

Ricordati che Lightning Network è una tecnologia ancora sperimentale
che potrebbe avere ancora molti bug critici. Se vuoi testare le sue funzionalità
assicurati di usare pochi satoshi.

Consolida gli output di una transazione onchain
Con l'aumento del valore del singolo bitcoin e la riduzione dei premi ai
minatori per via degli halving, sarà sempre più difficile eseguire delle
transazioni su blockchain che spostano pochi satoshi: il prezzo delle fee potrà

essere maggiore del totale transato.

I bitcoin presenti su un indirizzo che non possono essere spostati poiché le commissioni risultano maggiori degli stessi, vengono definiti dust: possono essere frutto di change o satoshi "collezionati" in microtransazioni.

Immaginate che un utente abbia diversi indirizzi bitcoin - cosa comune se si utilizza un wallet gerarchico deterministico - e che molti di essi siano composti da dust.
L'utente potrebbe avere una quantità significativa di satoshi se somma tutti questi fondi ma non essere in grado di utilizzarli!
Ecco dunque la necessità di consolidare gli output delle transazioni.
In periodi in cui le mempool sono pressoché vuote è buona norma raccogliere tutte questi dust e inviarli, in un'unica transazione, su un indirizzo di nostra proprietà. I dust (gli output) costituiranno dunque gli input di un'unica transazione che costituisce l'effettivo bilancio dell'utente.

In Bitcoin Core la procedura è piuttosto semplice:
si predispone una nuova transazione in uscita e si seleziona il wallet di ricezione (uno vostro, anche interno a Bitcoin Core). Si clicca poi su Coin Control - se non vedete il tasto dovete attivare questa funzione tramite le impostazioni generali - e si selezionano tutti i vari output.
Ora nel campo Amount si inserisce il massimo a disposizione al netto delle fee che si desidera pagare. I vari output si consolideranno e, all'arrivo dei fondi sul vostro indirizzo di ricezione, ne vedrete uno solo in Coin Control.
Se volete consolidare i fondi presenti sul vostro light wallet, la procedura è altrettanto semplice: basterà inviare a se stessi l'importo massimo (max amount), sempre ricordandosi di stabilire prima le fee che desiderate pagare.

Consolidare i fondi è utile dunque in prospettiva di un aumento futuro delle fee di Bitcoin, ma considerate che potrebbe comportare un problema di privacy, soprattutto se si va ad utilizzare un indirizzo precedentemente utilizzato o se i fondi non passano successivamente da un sistema di mixing.

Se da un lato consolidare gli output permette di avere transazioni più leggere e dunque meno costose in termini di commissioni, dall'altro espone a problemi di privacy.

Immaginiamo di consolidare tutti i nostri output del portafoglio da 0,01 bitcoin e di dover spendere, come in precedenza, 0,001 BTC per l'acquisto di un bene o servizio: il venditore non vedrà solo 0,0015 BTC come nell'esempio sopra esposto, ma potrà conoscere l'intero bilancio del nostro wallet, perché per effettuare il pagamento dovremo inviare tutto il nostro denaro (un unico UTXO) da 0,01 BTC e ricevere il resto.

Se facessimo un parallelismo con i trasferimenti bancari, è come se il negoziante che deve ricevere un bonifico, vedesse l'intero nostro bilancio invece del solo importo richiesto.

Ricordate dunque questo compromesso quando vorrete consolidare i vostri output e, possibilmente, dividete i vostri portafogli: quello che utilizzate per le spese (hot wallet) dovrebbe sempre essere diverso da quello che contiene i vostri risparmi (cold wallet).

Appendice II - Business modeling nell'ecosistema Bitcoin Lightning Network, di Federico Spitaleri (satoshis.games)

Introduzione

Questo articolo mira a fornire preziose informazioni sull'ecosistema Lightning Network che aiuteranno i creatori di Lapp (applicazioni Lightning Network) a costruire un modello di business di successo.

Esamineremo le sezioni principali di un canvas di modello di business e presenteremo alcuni casi di studio sulle Lapp che già operano sul mercato. Daremo un'occhiata a quali risorse sono necessarie per far funzionare le Lapp, qual è la loro proposta di valore, come distribuiscono la loro proposta di valore al loro mercato di riferimento e infine come monetizzano.

È importante ricordare che gli utenti di Lightning rappresentano ancora una nicchia di mercato molto piccola, quindi molti dei modelli qui presentati richiederebbero un maggior numero di utenti su Lightning Network per diventare redditizi. Tuttavia, progettare un modello di business che non solo utilizza una tecnologia di tendenza ma che lo fa anche in modo scalabile è una buona pratica per prepararsi a quando la nicchia degli utenti di Lightning sarà abbastanza grande da consentire alle Lapp di generare profitti significativi.

Modelli di business nell'ecosistema Lightning

Un modello di business descrive come le organizzazioni creano, forniscono e raccolgono valore. Identifica inoltre le interazioni chiave e le collaborazioni con fornitori, clienti e altri attori che operano nel mercato.

Nel presente paragrafo esploreremo le nuove proposte di valore offerte da Lightning Network, i modi in cui tali proposte vengono offerte ai clienti, le

risorse necessarie per far funzionare le Lapp all'interno del mercato, i costi
che devono affrontare e infine le opzioni disponibili per generare dei profitti.

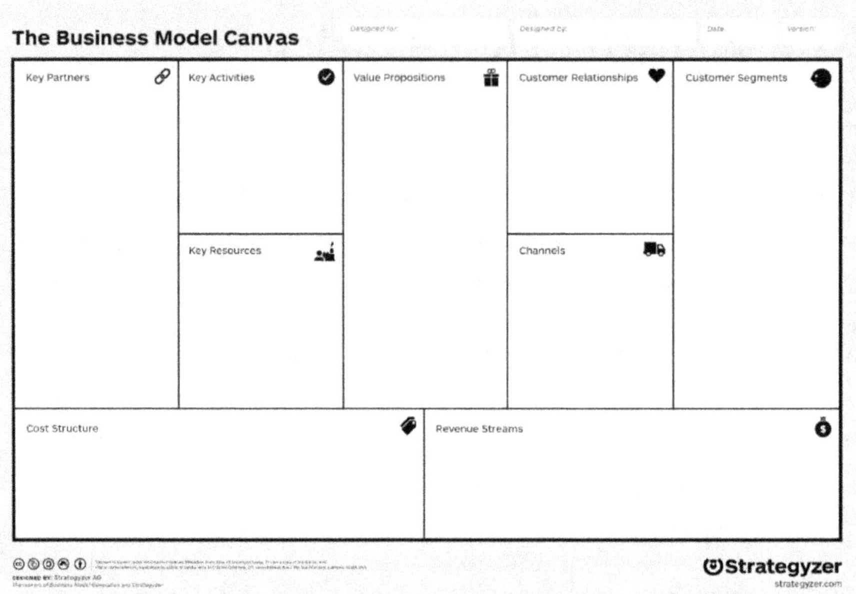

Canvas di un modello di business. Fonte: strategyzer.com

Proposta di valore

Rappresenta il valore che la Lapp offre al proprio mercato di riferimento.
Quando le startup costruiscono una Lapp, devono porsi le seguenti
domande: che cosa era impossibile fare prima dell'avvento della rete
Lightning? Come può la loro Lapp renderlo possibile? Che cosa possono fare
le loro Lapp in modo più efficiente/efficace rispetto ad altre aziende che
offrono lo stesso prodotto/servizio ma non utilizzano la rete Lightning? Le
loro Lapp risolvono qualche problema/soddisfano qualche esigenza?

Cominciamo facendo un elenco di funzioni che offre la rete Lightning;
vedremo quindi alcuni esempi di proposte di valore delle Lapp.

Funzionalità di Lightning Network:

- Trasferimento di valore istantaneo ed economico;
- Micro-transazioni;
- Transazioni private;
- Prelievo automatico di **qualsiasi importo** (anche frazioni di centesimi di euro) **in qualsiasi momento**;
- Nuovi metodi per l'autenticazione degli utenti (prova di pagamento e firme digitali basate su ID del nodo)

Esempi di proposte di valore di Lapp:

Tippin.me: consente alle persone di inviare e ricevere mance in modo facile, economico e immediato. Inoltre, le mance possono essere molto piccole (frazioni di centesimi di euro) in modo che il mittente possa darne una di qualsiasi importo e il destinatario possa accumulare tali importi e prelevarli in qualsiasi momento. Tramite un'estensione del browser è anche possibile dare la mancia ai tweet su Twitter facendo clic su un'icona specifica accanto al pulsante "Mi piace";

Satoshis.games: consente agli utenti di guadagnare Bitcoin giocando. All'interno della piattaforma di gioco, il trasferimento di valore non è unidirezionale (dall'utente alla piattaforma: sistema pay-to-play) ma bidirezionale (dall'utente alla piattaforma e dalla piattaforma all'utente). Satoshis.games utilizza Bitcoin come valuta all'interno dei giochi, in modo che tale valuta non dipende dalla piattaforma e la microeconomia in-game non è fittizia (il valore può essere estratto dalla piattaforma e speso in altre Lapp o nella vita di tutti i giorni). Infine, gli elementi digitali all'interno dei giochi (ad es. le monete di Super Mario) hanno un valore reale e tale valore può essere ritirato istantaneamente in qualsiasi momento e a costo zero. Ogni azione digitale su Satoshis.games può essere monetizzata o premiata;

Gab: è un fork del browser Brave. Il team di Gab sta lavorando a un'implementazione che pagherà agli utenti la visione di pubblicità durante la navigazione sul Web. Il vantaggio da parte degli utenti è che possono essere ricompensati anche per un "micro-utilizzo" del browser e tale remunerazione viene pagata attraverso una micro-transazione "in tempo reale" che può essere ritirata in qualsiasi momento;

Sats 4 Likes: è una Lapp che premia gli utenti per la condivisione e il gradimento dei post sui social media. Le aziende o le persone che vogliono pubblicizzare i loro prodotti sui social media pubblicano un'attività su Sats 4 Likes e specificano quanto gli utenti saranno pagati per condividere/apprezzare/commentare un post. Quindi pagano una invoice a Sats 4Likes che paga gli utenti quando completano l'attività.

La proposta di valore consiste nel premiare i "micro-task" con micro-transazioni (abbastanza oneste), facendo pagare agli inserzionisti azioni concrete, preziose e specifiche anziché impressioni o clic.

Inoltre, Sats 4 Likes rappresenta un canale attraverso il quale è possibile indirizzare gli utenti di Bitcoin e Lightning Network in un modo molto diretto ed efficace: premiare gli utenti solo con Bitcoin consente di raggiungere solo gli utenti Bitcoin.

Il targeting dei Bitcoiner sui canali tradizionali è invece molto complicato in quanto i social media come Facebook, Instagram e Twitter non possono fornire parametri di targeting così dettagliati in grado di ottimizzare il budget raggiungendo solo gli utenti Bitcoin effettivi;

Suredbits: fornisce l'accesso ai feed di dati di streaming storici e in tempo reale. Grazie a Lightning Network, i loro servizi hanno un prezzo a livello micro: i clienti pagano solo per i dati che vogliono usare (nessun contratto mensile o annuale) e niente di più.

Ecosistema Lightning Network. Fonte: J. Dantoni 2019, The Block Genesis

I canali

Attraverso i canali, le Lapp devono fornire la propria proposta di valore. I canali rappresentano il collegamento con i clienti, il modo in cui le lapp li raggiungono. A seconda del prodotto, i canali possono essere applicazioni Web accessibili direttamente dal Web o da qualsiasi app store nel caso in cui le Lapp siano applicazioni mobili o desktop.

Un canale molto specifico per l'ecosistema Lightning Network è il marketplace di Bluewallet. Le Lapp che vogliono essere raggiunte direttamente da dove i Bitcoiner spendono i loro soldi (l'app Bluewallet) possono chiedere di essere elencati sul marketplace del portafoglio di cui sopra.

Altri canali specifici per il settore in questione sono rappresentati da marketplace basati sul Web come lightningnetworkstores.com e Lightning Hood. Esiste anche un servizio di newsletter, lapps.co, che offre aggiornamenti sulle nuove Lapp presenti sul mercato: le startup possono contattarli ed essere inclusi negli aggiornamenti.

Un canale molto efficace attraverso il quale è possibile realizzare campagne pubblicitarie per la promozione di Lapp è Sats 4 Likes. Come accennato in precedenza, questo canale di marketing rende molto facile raggiungere solo gli utenti di Lightning Network e aiuta a evitare di spendere budget di marketing per clic e impression da parte di utenti che non utilizzano Lightning e che potrebbero essere inclusi nel pubblico di destinazione su Twitter, Facebook e sulle campagne Google.

Relazioni con i clienti

I canali di relazione con i clienti sono i canali attraverso i quali le Lapp dovrebbero mantenere la relazione con i propri clienti/utenti, offrire assistenza ai clienti e inviare messaggi di follow-up, notifiche e tutto il necessario per mantenere i clienti e soddisfare le loro esigenze.

I canali di relazione con i clienti più utilizzati nell'ecosistema Lightning Network sono Telegram e Slack per l'assistenza clienti e Twitter per la promozione e il coinvolgimento dei clienti.

Segmenti di clientela

Sulla base dei dati della rete (numero di nodi attivi) e degli app store (numero di download dei principali portafogli che supportano LN) possiamo stimare una popolazione di alcune decine di migliaia di utenti LN. Il mercato target di qualsiasi Lapp è un sottoinsieme di quella popolazione (ad esempio giocatori tra gli utenti di LN, se un Lapp opera nel settore dei giochi; streamer di musica tra gli utenti di LN, se una Lapp opera nel settore dello streaming di musica).

Come abbiamo già detto durante l'introduzione, ci sono ancora pochissimi utenti LN, ma testare il modello di business nell'attuale nicchia di mercato rende le Lapp pronte per quando l'adozione si diffonderà e sarà possibile realizzare profitti significativi.

Flussi di entrate

Come fanno le Lapp a generare entrate? Dipende davvero dal prodotto. Tuttavia, ci sono alcuni modelli che possono essere presi come esempi:

acquisti in-app: rappresentano uno dei flussi di entrate di Satoshis.games. Questo modello consiste nel consentire agli utenti di acquistare contenuti in-app come vite, funzionalità di giochi, avatar, ecc.;

commissioni: le Lapp possono addebitare commissioni quando vengono effettuati gli acquisti. Questo è il caso di Sats 4 Likes, in cui le società o gli individui decidono di investire una certa quantità di Bitcoin nella pubblicità di un post sui social media e Sats 4 Likes addebita loro satoshi extra per il servizio;

pay per use: questo è un modello che si adatta perfettamente alla tecnologia Lightning Network. Infatti, le micro-transazioni consentono alle aziende di valutare i loro servizi a un livello minimo in modo da poter addebitare i propri clienti anche per un "micro-utilizzo" del servizio e solo per ciò che consumano. Questo modello sostituisce i modelli di piano di abbonamento in cui agli utenti viene addebitato un costo fisso, indipendentemente dal fatto che abbiano utilizzato il servizio per un mese intero o solo per poche ore. Questo è il modello utilizzato da Suredbits, il servizio di streaming dei dati;

freemium: consiste nel dare agli utenti libero accesso a un'applicazione con funzionalità minime. Gli utenti che desiderano funzionalità premium dovranno pagare per averle o acquistare un account premium. Questo è anche il caso di Satoshis.games, in cui gli utenti possono giocare a Super Bro gratuitamente e acquistare vite e funzionalità aggiuntive se vogliono avere più possibilità di vincere;

Pubblicità: le Lapp che vogliono realizzare entrate attraverso la pubblicità devono tenere conto di alcuni problemi. Gli utenti di Bitcoin si preoccupano molto della loro privacy, non amano essere spiati: la pubblicità su Lapp non dovrebbe essere molto invadente e i dati sugli utenti dovrebbero avere un certo anonimato. Ciò porterà a un targeting meno dettagliato per gli inserzionisti e probabilmente a un prezzo inferiore dello spazio pubblicitario. Tuttavia, così facendo le Lapp manterranno la propria comunità e manterrà fedele la propria base di clienti.

Struttura dei costi

La struttura dei costi delle Lapp non cambia davvero rispetto ai modelli di business tradizionali. Comprende costi di sviluppo (stipendi per sviluppatori), costi di manutenzione IT (costi del server del sito Web), costi di marketing, costi burocratici (commercialisti, avvocati, consulenti e altri servizi) e così via. Se un nodo Lightning Network di una Lapp è stato avviato tramite BTCPay server e utilizza un servizio di cloud hosting come LunaNode, anche la Lapp dovrà tener conto del costo di tale servizio (circa 10 €/mese).

Risorse chiave

Le risorse chiave si riferiscono a quelle risorse che rendono difficile imitare o replicare una Lapp. Dipendono davvero dal prodotto. Qui invece, elencherò

le due risorse principali di cui ogni Lapp deve disporre nell'ecosistema della
rete Lightning:

- un nodo Lightning Network, ad esempio in esecuzione sul server
  BTCPay o su RaspiBlitz;
- capacità in entrata (per ricevere pagamenti). Può essere ottenuto
  attraverso un servizio di apertura di canali Lightning Network come
  Thor;

Se una Lapp vuole evitare di lanciare il proprio nodo, può integrare
Lightning attraverso servizi come APItoshi di Satoshis Games e OpenNode.
Salteremo la sezione Attività chiave in quanto dipendono interamente dal
tipo di prodotto/servizio.

Partner chiave

L'ecosistema Lightning Network è uno spazio molto collaborativo. Le startup
dovrebbero trarne vantaggio e collaborare con altre aziende al fine di
sfruttare le sinergie, aumentare la consapevolezza del marchio e l'accessibilità
alla propria Lapp.
Un potenziale partner chiave di ogni applicazione Lightning Network è
sicuramente rappresentato da Bluewallet. Bluewallet è uno dei portafogli
Bitcoin più popolari che supportano la rete Lightning e dal suo marketplace è
possibile accedere a molte Lapp. Le startup possono collaborare con
Bluewallet e listare la loro Lapp all'interno del marketplace. In questo modo
la Lapp sarà un passo avanti verso i propri clienti (utenti Lightning) e
Bluewallet ne trarrà vantaggio offrendo maggiori occasioni di acquisto ai
propri clienti. La stessa cosa con quei marketplace che abbiamo menzionato
nel paragrafo "Canali" (lightningnetworkstores.com, Lightning Hood, ecc.):
le startup possono listare lì le loro Lapp per acquisire awarness e traffico
verso il marchio e quei marketplace saranno in grado di offrire più contenuti
ai loro utenti.

Convalidare il modello di business

Disegnare un modello di business su un pezzo di carta non è sufficiente: i modelli di business devono essere validati attraverso test intensivi. Qui presentiamo la metodologia Lean, che consiste in 3 passaggi principali:

1. Creazione di un MVP basato su approfondimenti del mercato: un MVP (prodotto minimo realizzabile) è la versione più semplice di un prodotto che cerca di soddisfare le esigenze del cliente. Ad esempio: se l'obiettivo di un'azienda è quello di creare un prodotto che consenta alle persone di spostarsi dal punto A al punto B senza camminare, il suo MVP non sarà un'auto né una bicicletta ma uno skateboard. Solo le funzionalità essenziali dovrebbero essere costruite per rimanere agili durante il processo di validazione. È molto importante costruire queste funzionalità sulla base di approfondimenti del mercato: lo sviluppo deve essere guidato dalla ricerca dei clienti;

2. Test MVP e misurazione delle prestazioni: l'MVP deve essere lanciato sul mercato per vedere se ottiene trazione. È necessario misurare metriche quali vendite, volume di traffico e fidelizzazione dei clienti;

3. Avanzamento o cambio di rotta: se le metriche mostrano una buona prestazione, il prodotto può essere migliorato aggiungendo più funzionalità ed eseguendo più test (il cerchio ricomincia, con miglioramenti sul MVP precedente). Se le metriche mostrano una performance negativa, probabilmente significa che la proposta di valore non è percepita come preziosa dai clienti o che il modello di business non è in grado di generare e raccogliere valore, quindi deve essere riprogettato. A questo punto è necessario invertire la rotta: le startup devono ascoltare di nuovo le esigenze del cliente, costruire una nuova proposta di valore e un nuovo MVP che deve essere testato. Lo sviluppo del nuovo MVP dovrebbe iniziare dopo una ricerca approfondita sulle esigenze del cliente

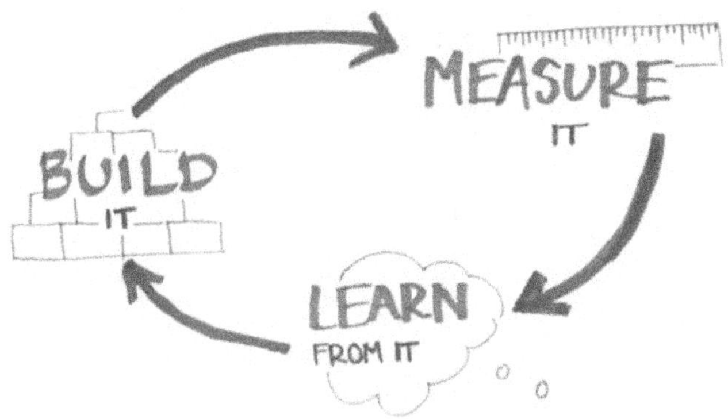

Metodologia Lean

Conclusioni

Se le Lapp vogliono avere successo a lungo termine, hanno bisogno di un modello di business adeguato che consenta loro di offrire la loro proposta di valore ai loro clienti e di essere redditizi.

In questo articolo abbiamo fornito alcune informazioni sull'ecosistema della rete Lightning che potrebbero aiutare le Lapp a costruire un modello di business di successo.

A lungo termine, solo quelle Lapp che soddisferanno i bisogni reali in modo sostenibile si riveleranno vincenti quando si diffonderà l'adozione di LN.

Contatti

Hai bisogno di aiuto per progettare il tuo modello di business o per pubblicizzare la tua Lapp attraverso i canali giusti?

Manda un messaggio a:
email: federico@satoshis.games
Twitter: @FedericoSpital3

Appendice III – Una CPU, un voto. Un equivoco diffuso

Quello di "una CPU, un voto" è un equivoco molto diffuso, dovuto a un'errata interpretazione della seguente affermazione di Satoshi Nakamoto, contenuta nel withepaper di Bitcoin: *"Se la maggioranza fosse basata sul principio "un indirizzo IP-un-voto", potrebbe essere sovvertita da chiunque fosse in grado di allocare molti IPs.*
La proof-of-work invece segue essenzialmente il principio "una CPU-un voto". La decisione di maggioranza è rappresentata dalla catena più lunga, su cui è stato speso il massimo sforzo di proof-of-work. Se la maggioranza di potenza della CPU è controllata da nodi onesti, la catena onesta crescerà più velocemente e supererà eventuali catene concorrenti."

Innanzitutto, l'affermazione sopra esposta viene spesso estrapolata e utilizzata fuori contesto. Nakamoto stava, in questo caso, descrivendo il funzionamento della Proof of Work (sezione 4 del whitepaper), non del protocollo Bitcoin.

Prendiamo un attimo per buono il fatto che in Bitcoin esista un "voto democratico", cosa che in realtà abbiamo visto essere non vera nel capitolo *Che cos'è un fork di Bitcoin?*.
Quando Nakamoto elaborò la frase "Una CPU, un voto", le condizioni erano le seguenti:

1) l'unico caso rilevante di Proof of Work applicata a un sistema di cash elettronico era quello dell'RPoW di Hal Finney, applicato al suo progetto di moneta elettronica. Prima di questo la PoW veniva usata semplicemente come sistema anti spam.

2) La PoW usava la CPU per i calcoli brute force: più potente era la CPU più calcoli riuscivi a fare. Più CPU avevi a disposizione, maggiore era il tuo peso (il cosiddetto "voto") nel sistema Proof of Work.

3) Nessuno aveva ancora usato le GPU né tantomeno inventato gli ASIC, quindi Nakamoto legava l'aumento della difficoltà di mining SOLO all'aumento delle CPU e alle prestazioni di quest'ultime (legge di Moore).

4) Tutti i full node validatori erano anche minatori. Se non volevi minare con la tua macchina dovevi disattivare questa funzione.
Ad oggi i miner NON sono validatori (a causa di Stratum V1), ma potranno ritornare a esserlo con Stratum V2 (vedi capitolo *Quali sono le principali criticità di Bitcoin?*). In ogni caso non avrebbero un ruolo maggiore nel Consenso ma estenderebbero la decentralizzazione del mining.

5) I minatori non hanno ruolo prevalente sul Consenso ma sono al servizio dei nodi validatori. Per questo servizio ricevono un incentivo monetario costituito da subsidy+fee. Nel caso di un hard fork si adattano alla catena che ha Consenso perché incentivati dal profitto, non per bontà o democrazia. Per comprendere perché non hanno potere decisionale, vedi mancata adozione di Segwit2x (da proposta appoggiata dalle grandi pool di mining).

Come abbiamo detto però, Satoshi Nakamoto, con la frase "una CPU, un voto", si stava riferendo a una sola componente di Bitcoin, la Proof of Work, e non all'intero funzionamento del sistema; dunque le condizioni espresse sopra sono del tutto superflue in quel contesto e servono solo a comprendere che applicare questa frase al funzionamento generico di Bitcoin è errato.

Appendice IV – Quanto costa inviare bitcoin

Uno dei miti da sfatare riguardanti Bitcoin è legato al costo per transazione (commissioni di mining).
Nello specifico, il mito è: "Più l'importo della transazione è elevato, maggiore è la spesa in commissioni."
Questo equivoco è probabilmente dovuto a ciò che avviene con i sistemi di pagamento classici, specialmente con i pagamenti transnazionali: solitamente si paga una commissione in percentuale al transato.

Con Bitcoin le cose funzionano diversamente: ci si potrebbe potenzialmente trovare nella situazione in cui trasferire un miliardo di dollari in bitcoin costa meno che trasferire pochi USD.

Come mai?

Quando trasferiamo bitcoin, il nostro wallet costruisce la transazione, aggregando delle quantità di BTC disponibili.

Immaginiamo il nostro wallet Bitcoin come un classico portafoglio per i contanti. Al suoi interno abbiamo qualche banconota da 10 euro, qualcuna da 20, alcune monete e così via, per un totale di 130 euro.
Nel caso dovessimo pagare una bene o servizio che costa 100 euro, dovremmo ovviamente sommare le varie banconote fino a raggiungere la cifra richiesta. Se superiamo la cifra e paghiamo, otterremo un resto (nel caso in cui ad esempio pagassimo con una banconota da 50 e tre da 20 euro).

In Bitcoin il procedimento è molto simile: quelle definite in precedenza "quantità di bitcoin disponibili" vengono in realtà chiamati output non spesi (UTXO) e diventano, tutti o in parte, gli input della nostra transazione, ossia le "banconote" che andranno a formare il totale transato.

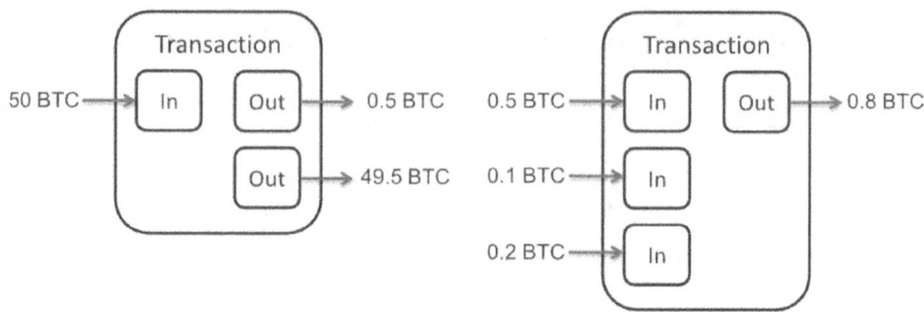

Sulla sinistra una transazione che utilizza un unico UTXO come input, sulla destra una transazione che utilizza molteplici UTXO come input e trasferisce il totale in un unico output. Fonte: https://commons.wikimedia.org/wiki/File:Bitcoin_Transaction_Inputs_and_O utputs.png

Immaginiamo di avere un totale di 0,01 bitcoin nel nostro portafoglio — o 1'000'000 satoshi, se preferiamo ragionare con questa unità di misura — , pari ad oggi a circa 80 euro. Questi bitcoin sono però il risultato di molti output non spesi, perché per averli abbiamo ricevuto una decina di transazioni di importo diverso.

Nel caso in cui dovessimo pagare un bene/servizio dal costo di 100'000 satoshi (0,001 BTC), il nostro wallet prenderà i nostri "contanti" e li sommerà fino a ottenere una somma uguale o maggiore dell'importo dovuto.

Ipotizziamo che la somma totale sia di 0,0015 BTC e sia il risultato di 4 UTXO sommati tra loro: pagheremo 0,0015 BTC, 0,001 BTC andranno al venditore mentre 0,0005 BTC torneranno nel nostro wallet, e costituiranno un unico output non speso.

Quindi, recap:

1.   avevamo 0,01 BTC (bilancio) composti da una decina di UTXO: 0,0002 BTC+ 0,0007 BTC + 0,0001 BTC + 0,0005 BTC + …
2.   Il wallet somma i primi quattro UTXO e ottiene 0,0015 BTC.

3. Paga questi 0,0015 BTC a un venditore, ottiene indietro un unico
    UTXO di 0,0005 BTC (resto), che si somma agli altri output che
    costituiscono il bilancio totale restante.

Una transazione costituita da molti input ha un peso in byte maggiore di una
con pochi o addirittura un unico solo input. Non paghiamo in base alla
quantità di bitcoin spostati, piuttosto si può dire che paghiamo in base alla
quantità di output non spesi che andremo a utilizzare come input della
nostra transazione.

Le commissioni ai minatori si pagano in sat al byte (o sat/vbyte per quelle
SegWit).

Ipotizziamo di voler pagare 4 sats/byte perché ci troviamo in una situazione
in cui non c'è congestione nella rete Bitcoin e siamo piuttosto sicuri che la
nostra transazione verrà confermata entro poche ore, andando a far parte
della storia transazionale della catena di transazioni (blockchain).

Un buon wallet permette, tra le altre cose, di impostare manualmente le
commissioni, quindi andiamo a selezionare 4 sats/byte e scegliamo l'importo
da pagare.

In Edge Wallet possiamo stabilire quali commissioni utilizzare, scegliendo tra
Alta, Standard, Bassa o Personalizzata. Con quest'ultima opzione possiamo
specificare le fee in satoshi/byte.

Siccome abbiamo molti input, la nostra transazione avrà un peso importante
e quei 4 sat/byte potrebbero comportare un costo totale in commissioni
anche relativamente elevato.

Se ad esempio la nostra transazione avesse un peso di 400 byte, finiremo con
il pagare 1'600 satoshi (4 x 400 byte).

La nostra transazione da 0,0001 BTC avrà dunque una commissione di 1'600
satoshi (0,00001600 BTC).

Ora immaginiamo di essere milionari e di voler transare 1'000'000 di euro in BTC, ossia circa 124,5 bitcoin. Se avessimo questi bitcoin in un unico output non speso, la nostra transazione avrà il minor peso possibile: ipotizziamo 200 byte.

A parità di sat/byte, dunque, questa transazione comporterà un costo in commissioni di soli 800 satoshi (4 x 200 byte), contro i 1'600 satoshi della precedente.

Dunque con 800 satoshi (0,064 euro), abbiamo spostato 1 milione di euro in bitcoin, mentre precedentemente con 1'600 satoshi (0,13 euro) abbiamo spostato solo 80 euro.

Nella prima abbiamo speso lo 0,1625% in commissioni, nella transazione da 1 milione di euro ne abbiamo speso lo 0,0000064%.

Comprendiamo perciò che spostare 1, 100 o 1 milione di bitcoin non fa differenza, a patto di avere una transazione con lo stesso peso in byte.

Come possiamo spendere il meno possibile in commissioni?

Innanzitutto, come detto precedentemente, dobbiamo scegliere un wallet che ci dia la possibilità di impostare una commissione personalizzata; scartiamo dunque tutti quelli che non ci danno questa possibilità.

Un altro suggerimento utile è avere un numero ridotto di output non spesi all'interno del wallet, ma non sempre quest'ultimo ci permette di sapere quali e quanti UTXO compongono il nostro bilancio totale.

Possiamo perciò decidere di consolidare i nostri output non spesi in un unico output da spendere con il minor spreco possibile di satoshi per le commissioni di transazione, come abbiamo visto nell'Appendice I.

Glossario

Alcuni dei termini più ricorrenti nel settore.

Aggiustamento della difficoltà: Un minatore chiude un blocco mediamente ogni 10 minuti. Il calcolo della Prova di Lavoro comporta una difficoltà variabile che fa sì che il tempo medio di scoperta dei blocchi sia appunto 10 minuti. Questa difficoltà viene aggiustata ogni 2016 blocchi, circa due settimane.

Se, in questo intervallo di tempo, la potenza di calcolo dei minatori è aumentata al punto tale da ridurre il tempo di scoperta dei blocchi a meno di 10 minuti, allora la difficoltà aumenterà, se invece il tempo medio è maggiore di 10 minuti questa verrà ridotta.

Asset: bene di natura tangibile o intangibile posseduto da un individuo o un'azienda, in grado di assumere un valore economico.

Bear market: definizione usata per descrivere i periodi in cui il mercato è in calo. Solitamente si tratta di periodi di tempo prolungati, tipicamente mesi.

Blockstream Satellite network: network di satelliti realizzato dall'azienda Blockstream al fine di inviare sulla Terra i blocchi validati di Bitcoin. Lo scopo è offrire a Bitcoin una rete mesh per il suo corretto funzionamento, senza ricorrere a Internet.

Broadcast system: Bitcoin, nella sua accezione di livello base, viene spesso definito sistema a broadcast perché, seppure le transazioni viaggino senza un intervento diretto di una terza parte affidabile, i minatori sono incaricati di trascriverle all'interno della blockchain. Non è tuttavia possibile censurare le transazioni perché, laddove un miner non le includesse in un blocco, queste verrebbero comunque incluse da qualcun'altro in un blocco successivo.

Bug: errore nella scrittura di un software che può comportare malfunzionamenti o crash sistemici.

Capital control: misure prese da autorità centrali atte a regolare i flussi di denaro in entrata e uscita dall'economia dello Stato.

Change: il resto di una transazione Bitcoin. Bitcoin utilizza il modello UTXO, quindi ogni transazione corrisponde a un certo numero di bitcoin non spesi (output) utilizzati come input di quest'ultima.
Immaginiamo che Alice debba inviare 1 BTC a Bob e il suo wallet abbia 1.25 BTC come bitcoin non spesi (output). Alice invierà a Bob l'intero output pari a 1.25 BTC, pagherà una commissione di mining variabile (ad esempio 0.0001 BTC) e Bob potrà tenere 1 BTC. Alice riceverà quindi 0.2499 BTC come resto della transazione, utilizzabili per le prossime spese.

Circulating supply: la quantità di bitcoin in circolazione in questo momento. Vengono considerati tutti i bitcoin generati fino a questo punto, seppure l'effettiva circulating supply dovrebbe considerare i bitcoin le cui chiavi non sono andate perdute e che dunque siano spendibili.

CoinJoin: sistema utilizzato per aumentare la fungibilità delle transazioni Bitcoin su blockchain. CoinJoin combina molteplici pagamenti provenienti da diversi mittenti in un unica transazione.

Cold Wallet: portafoglio elettronico tipicamente offline, sul quale va conservata la maggior parte della nostra ricchezza in satoshi.

Deflazione: fenomeno economico opposto all'inflazione. Diminuzione del prezzo di beni o servizi per un periodo prolungato di tempo. Causa l'aumento del potere d'acquisto della moneta.

Fiat: le valute legali, a corso forzoso, in cui vige la regola dell'inconvertibilità tra le banconote ed eventuali metalli preziosi detenuti dallo Stato. Un esempio di denaro fiat è dato dal Dollaro, dall'Euro e dalla Sterlina. Pressoché tutte le valute classiche in circolazione sono fiat.

FOMO: letteralmente Fear Of Missing Out, ossia paura di essere tagliati fuori. In italiano diremmo anche "paura di perdere il treno". Indica l'ansia che si genera tipicamente in periodi in cui il prezzo di un asset, e quindi anche bitcoin, aumenta rapidamente. Molti sono trascinati all'acquisto da questo aumento di prezzo repentino, sperando di generare un profitto altrettanto rapidamente.

FUD: Fear, Uncertainty and Doubt, ossia Paura, Incertezza e Dubbio, rappresentano la diffusione d'informazioni anche false o comunque manipolate al fine di ridurre il prezzo di un asset o scoraggiarne l'acquisto.

Gold Standard: sistema monetario nel quale le valute sono rappresentazioni di una certa quantità di oro e sono convertibili. Fino al 1971 il Dollaro era "backed by gold", ossia rappresentava una certa quantità d'oro conservato nei caveau della Federal Reserve.

Halving: divisione per due. In Bitcoin indica il dimezzamento del subsidy al minatore che scopre un nuovo blocco e avviene ogni quattro anni circa, ossia dopo 210,000 blocchi, a partire dal blocco 0 detto Genesis Block. Attualmente (2019) il subsidy è pari a 12,5 bitcoin e diverrà di 6,25 BTC nel 2020. Con la sua riduzione aumenta l'inflazione monetaria di Bitcoin.

Hash: funzione matematica non invertibile. Grazie ad essa è possibile trasformare una stringa di dati di lunghezza arbitraria in una stringa di lunghezza predefinita.

HODL: neologismo che indica l'azione di risparmiare bitcoin cercando di non spenderli. L'utente che agisce in questo modo si definisce hodler.

Inflazione: inflazione dei prezzi significa aumento del prezzo di beni o servizi per un periodo prolungato di tempo. Causa la diminuzione del potere d'acquisto della moneta. Inflazione monetaria significa aumento della quantità di denaro circolante (supply).

Master Private Key: chiave privata principale di un wallet gerarchico deterministico. Attraverso la Master Private Key è possibile derivare tutti gli indirizzi passati e futuri del portafoglio.

Rete mesh: sistema di collegamento decentralizzato che fa utilizzo di nodi che fungono da ricevitori, trasmettitori e ripetitori. Una rete mesh potrebbe non aver necessità di essere connessa a Internet.

Seed phrase: lista di parole (tipicamente 12 o 24) generata in modo casuale dal nostro wallet. Queste parole, messe in seguenza, permettono al wallet di generare tutti gli indirizzi legati a una specifica Master Private Key.

Shitcoin: le criptovalute alternative vengono spesso nominate altcoin o shitcoin (monete di m***a). Le caratteristiche di decentralizzazione e sicurezza di Bitcoin vengono spesso ridotte o eliminate in favore della rapidità delle transazioni su blockchain.

Smart contract: contratti digitali regolati da protocolli, che non necessitano di intervento umano diretto per la loro esecuzione.

Ticker: la sigla con cui viene identificato un asset nel mercato. Il ticker di Bitcoin è BTC

Token: tipicamente un asset che viene ospitato da un'altra blockchain.
Ci sono dei token che hanno come mission quella di venir considerati vere e proprie criptovalute, altri sono delle utility. Alcuni rappresentano un progetto che in futuro potrebbe avere una sua mainet (una blockchain proprietaria) e verranno scambiati con gli asset di questa mainet tipicamente in un rapporto 1:1. Altri token permettono di acquistare dei beni e/o servizi del progetto in questione.
Ci sono infine dei token definibili security che, come per il mercato azionario classico, rappresentano una partecipazione al progetto, in termini di dividendi, utili, governance, ecc.

Total supply: i bitcoin totali che verranno messi in circolazione. Conosciamo questa quantità e sappiamo in quale blocco questa verrà raggiunta, seppure non il tempo preciso. La prevedibilità di Bitcoin è una delle sue caratteristiche fondamentali.

Wallet gerarchico deterministico: portafoglio elettronico che genera nuovi indirizzi di ricezione ogni volta che uno viene utilizzato per ricevere fondi. Questo tipo di portafoglio permette di controllare indirizzi teoricamente infiniti utilizzando un'unica chiave privata principale (Master Private Key). I wallet gerarchico deterministici sono utili ad aumentare il livello di privacy delle transazioni su blockchain.

Whales: un grande player del mercato. Tipicamente, quando una "balena" vende o acquista grandi somme di denaro, il mercato ne risente in modo più o meno marcato. Nella finanza classica questi player vengono a volte identificati con il termine "shark", squalo, sebbene con questa definizione si intenda un attore che agisce sul mercato in modo aggressivo anche senza avere i capitali delle cosiddette balene.

L'autore

IT consultant, photographer, music lover, #Bitcoin enthusiast.

David Coen è un consulente informatico e fotografo professionista con oltre 10 anni di esperienza.

Nel 2016 David ha intrapreso lo studio del Bitcoin ed è convinto che siamo di fronte a una rivoluzione tecnologica pari a quella che ha comportato l'adozione di Internet e del World Wide Web.

Sostiene l'adozione della terminologia LNP/BP per indicare la suite di protocolli alla base di Bitcoin (Settlement Layer) e del second layer Lightning Network (Transaction Layer).

Contatti

Come posso aiutarti?

Scrivimi:

email: info@davidcoen.it
Twitter: @thedavidcoen
Website: davidcoen.it
Impronta digitale PGP: 5351632CBBF23EF29F1815ACD270A7681AE508EA

Riferimenti

[1]   S. Nakamoto, Bitcoin: A Peer-to-Peer Electronic Cash System, 2008.

[2]   C. Valia, «Le carte del circuito Visa hanno smesso di funzionare in tutta Europa e nel Regno Unito,» The Post International, 1 June 2018. [Online]. Available: https://www.tpi.it/2018/06/01/visa-down/.

[3]   The Guardian, «Visa card payments system returns to full capacity after crash,» The Guardian, June 2018. [Online]. Available: https://www.theguardian.com/money/2018/jun/01/visa-card-network-crashes-and-sparks-payment-chaos.

[4]   M. Arnold, «MasterCard customers suffer outages around the world,» Financial Times, 12 July 2018. [Online]. Available: https://www.ft.com/content/1fd2a066-860f-11e8-a29d-73e3d454535d.

[5]   J. Sternberg, «MasterCard's Server Went Down. And Twitter Users Raged Because They Couldn't Get Their Dunkin' Fix,» Adweek, 10 May 2018. [Online]. Available: https://www.adweek.com/digital/mastercards-server-went-down-and-twitter-raged-because-it-couldnt-get-its-dunkin-fix/.

[6]   B. Scott, «The Guardian,» 19 July 2018. [Online]. Available: https://www.theguardian.com/commentisfree/2018/jul/19/cashless-society-con-big-finance-banks-closing-atms.

[7]   U. G. HM Treasury. [Online]. Available: https://assets.publishing.service.gov.uk/government/uploads/system/uploads/attachment_data/file/689234/Cash_and_digital_payments_in_the_new_economy.pdf.

[8]   N. Fabris, «Cashless Society – The Future of Money or a Utopia?,» in *Journal of Central Banking Theory and Practice*, 2010, pp. 53-66.

[9]   R. Huang, «How Bitcoin And WikiLeaks Saved Each Other,» Forbes, 26 April 2019. [Online]. Available: https://www.forbes.com/sites/rogerhuang/2019/04/26/how-bitcoin-and-wikileaks-saved-each-other/.

[10]   J. Andrews e J. Rampen, «Greece crisis: Banks closed and cash machines limited to €60 a day - what you can do,» [Online]. Available: https://www.mirror.co.uk/money/greek-crisis-travel-advice-cash-machines-limited-banks-closed-5967293.

[11]   P. Sanders, «Argentina Imposes Capital Controls as Reserves Drain Away,» 1 September 2019. [Online]. Available: https://www.bloomberg.com/news/articles/2019-09-01/argentina-imposes-currency-controls-as-debt-crisis-escalates.

[12]   Il Post, «La crisi di Hong Kong, spiegata bene,» 17 August 2019. [Online]. Available: https://www.ilpost.it/2019/08/17/crisi-hong-kong-spiegata/.

[13]   P. Siu, «Hong Kong slow to go cashless? Blame success of Octopus card, minister says,» 30 October 2017. [Online]. Available: https://www.scmp.com/news/hong-kong/economy/article/2117467/hong-kong-slow-go-cashless-blame-success-octopus-card.

[14]   M. Hui, «Why Hong Kong's protesters were afraid to use their metro cards,» 13 June 2019. [Online]. Available: https://qz.com/1642441/extradition-law-why-hong-kong-protesters-didnt-use-own-metro-cards/.

[15]   A. Vranova, T. Ajiboye, L. Buenaventura, L. Liu, A. Lloyd, A. Machado, J. Song e A. Gladstein, The Little Bitcoin Book: Why Bitcoin Matters for Your Freedom, Finances, and Future, 2019.

[16]   H. R. Foundation, «Political Regime Map,» [Online]. Available: https://hrf.org/research_posts/political-regime-map/.

[17]   V. Marria, «Forbes,» 21 December 2018. [Online]. Available: https://www.forbes.com/sites/vishalmarria/2018/12/21/what-a-cashless-society-could-mean-for-the-future/.

[18]   Crypto Italia, «Why is the limit 21 million BTC?,» [Online]. Available: https://cryptoitalia.org/en/why-is-the-limit-21-million-btc/.

[19]   Blockspoint, «17 Millionth Bitcoin Was Mined: What Does It Mean And Why Does This Matter?,» 27 April 2018. [Online]. Available: https://blockspoint.com/news/archive/17-millionth-bitcoin-was-mined-what-does-it-mean.

[20]   J. Song, «Understanding Segwit Block Size,» 3 July 2017. [Online]. Available: https://medium.com/@jimmysong/understanding-segwit-block-size-fd901b87c9d4.

[21]   J. Song, «Transaction Malleability Explained,» 16 August 2017. [Online]. Available: https://bitcointechtalk.com/transaction-malleability-explained-b7e240236fc7.

[22]   J. Lopp, «Who Controls Bitcoin Core?,» [Online]. Available: https://blog.lopp.net/who-controls-bitcoin-core-/.

[23]   Fidest, «oundreef viene riconosciuta ufficialmente dall'Intellectual Property Office del Regno Unito come Independent Management Entity (IME),» 2016. [Online]. Available:

https://fidest.wordpress.com/2016/04/04/soundreef-viene-riconosciuta-ufficialmente-dallintellectual-property-office-del-regno-unito-come-independent-management-entity-ime/.

[24]   Blockchain.com, «Average Number Of Transactions Per Block,» [Online]. Available: https://www.blockchain.com/charts/n-transactions-per-block.

[25]   R. A.Werner, «How do banks create money, and why can other firms not do the same? An explanation for the coexistence of lending and deposit-taking,» in *International Review of Financial Analysis, Vol. 36*, 2014, pp. 71-77.

[26]   F. C. A. (FCA), «Client money rules,» [Online]. Available: https://www.handbook.fca.org.uk/handbook/CASS/7.pdf.

[27]   «Laszlo's Pizza,» [Online]. Available: https://bitcointalk.org/index.php?topic=137.0 .

[28]   «Laszlo's Pizza Transaction,» [Online]. Available: https://blockchair.com/bitcoin/transaction/a1075db55d416d3ca199f55b6084e2115b9345e16c5cf302fc80e9d5fbf5d48d.

[29]   Investopedia, «Money Supply,» [Online]. Available: https://www.investopedia.com/terms/m/moneysupply.asp.

[30]   M. Hartman, «Here's how much money there is in the world — and why you've never heard the exact number,» Business Insider, 17 November 2017. [Online]. Available: https://www.businessinsider.com/heres-how-much-money-there-is-in-the-world-2017-10?IR=T.

[31]   P. Hobson, «Exclusive: Fake-branded bars slip dirty gold into world markets,» Reuters, 28 August 2019. [Online]. Available:

https://www.reuters.com/article/us-gold-swiss-fakes-
exclusive/exclusive-fake-branded-bars-slip-dirty-gold-into-world-
markets-idUSKCN1VI0DD.

[32]   B. Musser, «What is the Lightning Network?,» Airbitz Inc., 28 March
        2019. [Online]. Available: https://edge.app/blog/what-is-the-
        lightning-network/.

[33]   L. Law, S. Sabett e J. Solinas, «HOW TO MAKE A MINT: THE
        CRYPTOGRAPHY OF ANONYMOUS ELECTRONIC CASH,»
        National Security Agency Office of Information Security Research
        and Technology, 1996. [Online]. Available:
        https://groups.csail.mit.edu/mac/classes/6.805/articles/money/nsami
        nt/nsamint.htm.

[34]   StackExchange, «Badr Bellaj about Bitcoin private key security,»
        [Online]. Available:
        https://bitcoin.stackexchange.com/questions/2847/how-long-would-
        it-take-a-large-computer-to-crack-a-private-
        key#targetText=A%20Bitcoin%20private%20key%20(ECC,universe
        %20to%20count%20them%20all.

[35]   B. Musser, «Hardware, Software, and Programmable Security,»
        Airbitz Inc., [Online]. Available: https://edge.app/blog/hardware-
        software-and-programmable-security/.

[36]   V. Buterin, «On Bitcoin Maximalism, and Currency and Platform
        Network Effects,» 19 November 2014. [Online]. Available:
        https://blog.ethereum.org/2014/11/20/bitcoin-maximalism-
        currency-platform-network-effects/.

[37]   V. G. Cerf e R. E. Kahn, «A Protocol for Packet Network
        Intercommunication,» Princeton University, 1974. [Online].
        Available:

https://www.cs.princeton.edu/courses/archive/fall06/cos561/papers/cerf74.pdf.

[38]   V. Yadav, «Learning the TCP/IP Protocol Suite,» 11 March 2018. [Online]. Available: https://codeburst.io/learning-tcp-ip-protocol-suite-6947b601ea11.

[39]   «Internet protocol suite,» Wikipedia, [Online]. Available: https://en.wikipedia.org/wiki/Internet_protocol_suite.

[40]   A. Ol, «Internet Protocol stack in Internet protocol suite (TCP/IP),» 18 OCtober 2017. [Online]. Available: https://medium.com/@anna7/internet-protocol-layers-in-internet-protocol-suite-tcp-ip-abe038c0adde.

[41]   T. D. Joseph Poon, «The Bitcoin Lightning Network: Scalable Off-Chain Instant Payments,» 14 January 2016. [Online]. Available: https://lightning.network/lightning-network-paper.pdf.

[42]   T. Dryja, «Discreet Log Contracts,» MIT Digital Currency Initiative, [Online]. Available: https://adiabat.github.io/dlc.pdf.

[43]   «Storm on GitHub,» [Online]. Available: https://github.com/storm-org/storm-spec.

[44]   A. v. Wirdum, «With Stratum V2, Braiins Plans Big Overhaul in Pooled Bitcoin Mining,» Bitcoin Magazine, 5 August 2019. [Online]. Available: https://bitcoinmagazine.com/articles/with-stratum-v2-braiins-plans-big-overhaul-in-pooled-bitcoin-mining.

[45]   C. Reichel, «BetterHash Protocol Lets Pool Miners Regain Control Over Their Hash Power,» Bitcoin Magazine, 21 January 2019. [Online]. Available:

https://bitcoinmagazine.com/articles/betterhash-protocol-lets-pool-miners-regain-control-over-their-hash-power.

[46]   Coin Dance, «Bitcoin Nodes Summary,» [Online]. Available: https://coin.dance/nodes.

www.ingramcontent.com/pod-product-compliance
Lightning Source LLC
Chambersburg PA
CBHW061753250726
48657CB00001B/102